金器

中国文化百科

金银传奇之光

刘干才　编著　胡元斌　丛书主编

汕头大学出版社

图书在版编目（CIP）数据

金器：金银传奇之光 / 刘干才编著. -- 汕头：汕
头大学出版社，2015.2 （2020.1重印）
　　（中国文化百科 / 胡元斌主编）
　　ISBN 978-7-5658-1611-6

　　Ⅰ．①金… Ⅱ．①刘… Ⅲ．①金银器（考古）—介绍
—中国 Ⅳ．①K876.43

中国版本图书馆CIP数据核字(2015)第020779号

金器：金银传奇之光　　　　JINQI: JINYIN CHUANQI ZHIGUANG

编　　著：刘干才
丛书主编：胡元斌
责任编辑：叶　慧
封面设计：大华文苑
责任技编：黄东生
出版发行：汕头大学出版社
　　　　　广东省汕头市大学路243号汕头大学校园内　邮政编码：515063
电　　话：0754-82904613
印　　刷：三河市燕春印务有限公司
开　　本：700mm×1000mm 1/16
印　　张：7
字　　数：50千字
版　　次：2015年2月第1版
印　　次：2020年1月第2次印刷
定　　价：29.80元
ISBN 978-7-5658-1611-6

前　言

中华文化也叫华夏文化、华夏文明，是中国各民族文化的总称，是中华文明在发展过程中汇集而成的一种反映民族特质和风貌的民族文化，是中华民族历史上各种物态文化、精神文化、行为文化等方面的总体表现。

中华文化是居住在中国地域内的中华民族及其祖先所创造的、为中华民族世代代所继承发展的、具有鲜明民族特色而内涵博大精深的传统优良文化，历史十分悠久，流传非常广泛，在世界上拥有巨大的影响。

中华文化源远流长，最直接的源头是黄河文化与长江文化，这两大文化浪涛经过千百年冲刷洗礼和不断交流、融合以及沉淀，最终形成了求同存异、兼收并蓄的中华文化。千百年来，中华文化薪火相传，一脉相承，是世界上唯一五千年绵延不绝从没中断的古老文化，并始终充满了生机与活力，这充分展现了中华文化顽强的生命力。

中华文化的顽强生命力，已经深深熔铸到我们的创造力和凝聚力中，是我们民族的基因。中华民族的精神，也已深深植根于绵延数千年的优秀文化传统之中，是我们的精神家园。总之，中国文化博大精深，是中华各族人民五千年来创造、传承下来的物质文明和精神文明的总和，其内容包罗万象，浩若星汉，具有很强文化纵深，蕴含丰富宝藏。

中华文化主要包括文明悠久的历史形态、持续发展的古代经济、特色鲜明的书法绘画、美轮美奂的古典工艺、异彩纷呈的文学艺术、欢乐祥和的歌舞娱乐、独具特色的语言文字、匠心独运的国宝器物、辉煌灿烂的科技发明、得天独厚的壮丽河山，等等，充分显示了中华民族厚重的文化底蕴和强大的民族凝聚力，风华独具，自成一体，规模宏大，底蕴悠远，具有永恒的生命力和传世价值。

在新的世纪，我们要实现中华民族的复兴，首先就要继承和发展五千年来优秀的、光明的、先进的、科学的、文明的和令人自豪的文化遗产，融合古今中外一切文化精华，构建具有中国特色的现代民族文化，向世界和未来展示中华民族的文化力量、文化价值、文化形态与文化风采，实现我们伟大的"中国梦"。

习近平总书记说："中华文化源远流长，积淀着中华民族最深层的精神追求，代表着中华民族独特的精神标识，为中华民族生生不息、发展壮大提供了丰厚滋养。中华传统美德是中华文化精髓，蕴含着丰富的思想道德资源。不忘本来才能开辟未来，善于继承才能更好创新。对历史文化特别是先人传承下来的价值理念和道德规范，要坚持古为今用、推陈出新，有鉴别地加以对待，有扬弃地予以继承，努力用中华民族创造的一切精神财富来以文化人、以文育人。"

为此，在有关部门和专家指导下，我们收集整理了大量古今资料和最新研究成果，特别编撰了本套《中国文化百科》。本套书包括了中国文化的各个方面，充分显示了中华民族厚重文化底蕴和强大民族凝聚力，具有极强的系统性、广博性和规模性。

本套作品根据中华文化形态的结构模式，共分为10套，每套冠以具有丰富内涵的套书名。再以归类细分的形式或约定俗成的说法，每套分为10册，每册冠以别具深意的主标题书名和明确直观的副标题书名。每套自成体系，每册相互补充，横向开拓，纵向深入，全景式反映了整个中华文化的博大规模，凝聚性体现了整个中华文化的厚重精深，可以说是全面展现中华文化的大博览。因此，非常适合广大读者阅读和珍藏，也非常适合各级图书馆装备和陈列。

目 录

夏商两周金银器

夏代火烧沟发轫的金银器　002

展现金属之美的商代金器　005

好德尚礼的西周时期金器　017

秦汉唐代金银器

022　秦朝王者之风的金银器

030　富丽堂皇的汉代金银器

045　五彩斑斓的唐代金银器

宋元明清金银器

清新素雅的宋代金银器　058

朴素实用的元代金银器　073

生动而古朴的明代金银器　084

细腻而华丽的清代金银器　097

夏商两周金银器

　　在甘肃省玉门夏代古墓中，发现了铸造粗糙的金耳环，这是我国发现的最早的金饰器实物。商代的金器以装饰品占主导地位，器物类相对较少。

　　河南省安阳殷墟遗址出土的眼部贴金虎形饰及金片、金叶、金箔等装饰，四川省广汉三星堆商代祭祀坑中，发现的金面罩和金杖等祭祀用的金器说明，金器在商代已得到社会上层广泛使用。夏商西周时期还没有银器发现。

夏代火烧沟发轫的金银器

夏朝是我国历史上的第一个朝代。《史记·夏本纪》注引《集解》等书说，夏朝"从禹至桀十七君，十四世"，共471年。夏朝的主要活动地区在河南西部颍水上游和伊河、洛河下游及山西晋南地区。

与夏朝文化遗址同时存在的其他氏族、部落的文化遗址主要有黄河下游齐鲁地区的岳石文化、黄河上游的齐家文化、长江中游荆楚先民的石家河文化和长江下游吴、越先民的晚期良渚文化等。

夏朝是我国第一个奴隶制王朝，与夏朝并存的还有全国各地的氏族、部落、部落联盟。这些分布在我国的早期国家和氏族、部落集团共同发展了经济，共同创造夏代的历史。

在甘肃省玉门市清泉乡火烧沟文化遗址，有一个称为"火烧沟原始村"的地方，其中"建草蓬泥屋八座"展现了河西先民的

生活图景。

因遗址处于一条红土山沟旁，山沟土色红似火烧故名火烧沟遗址。该遗址中有大量新石器文化遗存，距今3700年左右，属夏朝末期，被称为火烧沟文化。

火烧沟文化遗址中发现了我国最原始的金器，主要是金耳环、合金鼻环等饰物。虽然铸造粗糙，但却开了我国金银器实物之先河。

通过火烧沟遗址中发现的大量夏代青铜器和冶炼作坊说明，这里是我国夏商时代重要的冶炼中心。

我国最古老而又比较确实的地理书籍《禹贡》和《职方氏》中，有关夏朝"九州"的记载，均包括了河西走廊，从中可以看到，河西走廊全境都包括在九州之中，是夏朝疆域的西陲。

因此，河西走廊并不是华夏文明之外的蛮荒之地。很多文献展现出的是河西走廊文化的先进性，例如《新语·术事篇》上说："大禹出于西羌"；司马迁《史记·六国表》中说："禹兴于西羌"；《荀子·大略》也说："禹学于西王母国"等。

这些古代文献和火烧沟的考古资料，共同印证了河西走廊在我国夏代时期不但与华夏有着密切的联系，而且有着最先进的文化。

火烧沟文化是羌文化，《说文解字》说："羌，西方牧羊人也。"位于夏朝西陲的火烧沟墓葬中发现的四羊头铜权杖柄、羊头柄

彩陶方杯，尤其是成规格的随葬羊骨，都体现了典型的羊文化特点。

而在火烧沟文化东面的齐家文化各遗址，甚至临近火烧沟的东灰山遗址，均不见这样典型的羊文化特点。从这些遗址中的兽骨，均以猪为主，羊骨极少，因此火烧沟所在的河西走廊西部应是早期的羌文化所在地，火烧沟人应是早期羌人的一支。

尤其重要的是，火烧沟人的黄金制造水平也是高超的。火烧沟遗址中发现的齐头合缝的金耳环数量较多，纯度很高，微泛红色。

火烧沟人除了懂得如何冶炼青铜，而且能冶炼其他合金，这说明火烧沟的金属制造业已达到相当高的层次了。

拓展阅读

火烧沟遗址还发现了一个金属鼻环，这个鼻环是银白色的，密度较大，外表光亮。

它不会是纯银，因为银经过几千年早就氧化而发黑了，它也不会是纯金，因为金是黄色的。但有一点应是肯定的，即它是由合金制成，估计金、银是其主要成分。

展现金属之美的商代金器

商朝时期青铜工艺的繁荣和发展，为金器的发展奠定了雄厚的物质和技术基础，同时青铜、玉雕、漆器等工艺的发展，也促进了金器工艺的发展，并使金器得以在更广阔的领域中，以更多样的形式发挥其审美功能。

商代金器大多为装饰品，而最常见的金箔，多用于其他器物上的饰件，或者说，是以和其他器物相结合的形式来增强器物的美感。

商代最主要的遗址是殷墟，这里发现的金箔十分轻薄，从厚度看，当时的锤揲工艺已相当高超，也说明商代工匠对金子的延展性有了相当深刻的认识，不然不可能加工到如此微薄的厚度。

在河南省安阳殷墟武官大墓中

发现有环状金片，其中殷墟侯家庄一座葬坑中发现6枚包金铜泡，是用圆形金片的周边折入铜泡的背面，使金箔牢固地包在泡面上的，方法十分巧妙，此为金箔饰铜器数例。

木器贴金的器物较多，河南省安阳大司空村一座殷墓车马坑舆上中间有3片重叠一起的圆形金片饰，直径为12厘米，有可能是伞盖上的装饰。

安阳小屯一座殷墓车马坑舆内西部出土金箔片，金箔呈南北纵列，当是鞭杆之饰。杆饰自顶端玉饰下分8节，每节用金片相对地饰于杆上，杆径约2厘米，杆末端10厘米间为手柄，没有金饰。金片长5.5至6.5厘米、宽1至1.1厘米，总重3.9克。

此外，殷墟侯家庄一座墓中发现的桥形金片，片上有钉孔，可能是钉于木器上的箔饰。安阳殷墟妇好墓发现的一件玉虎，其眼睛处贴金箔以点睛。

商王朝统治区的黄金制品大多为金箔、金叶和金片，主要用于器物装饰。在商王朝北部地区的金饰品，主要是人身佩戴的黄金首饰。这个时期所发现的金器中，最令人瞩目的是四川省广汉三星堆遗址和金沙遗址的一批金器，不仅数量多，而且形制别具一格，这反映出我国早期文明发展的多元性和不平衡性。

古蜀族是世界上最早开采和使用黄金的古老的民族之一，在相当于中原殷商时期就已经熟练地掌握了黄金的加工技术，制作了精美绝伦的金杖、黄金面罩、金虎、金叶、金鱼、金璋等多种黄金动物图形和装饰品。

这些黄金饰品，不仅展现了古代蜀人高超的金箔加工制作技艺，而且具有丰富的文化内涵，这些金箔加工工艺也代表了商代最早的黄

金制品水平，为揭示三星堆古蜀文明的珍贵资料对重新认识我国早期黄金冶炼水平具有很高的研究价值。

三星堆遗址的黄金器是商文化遗址中最丰富的。

一是种类多，有金杖、金面罩、金箔虎形饰、金箔鱼形饰、金箔璋形饰、金箔带饰、金料块等。

二是形体大，一、二号坑均有金面罩。二号坑的铜头像上有的贴有金箔面罩，构成金面铜头像。可以推测，金箔面罩原来都是粘贴在铜头像上使用的。一、二号坑中丰富的黄金器也是三星堆遗址晚期遗存的重要特征。

三星堆遗址的黄金制品，还有金箔或金片制成的金虎、金叶、金鱼、金璋、金带等，此外还有金料块。在这些黄金制品的制作工艺

上，采用了捶锻平展、剪裁修整、平面雕刻等手法。

在三星堆的黄金制品中，其中一号祭祀坑的一柄金杖，堪称金器中的绝世珍品。它全长1.42米，直径为2.3厘米，用捶打好的金箔，包卷在一根木杆上，净重约500克。木杆早已炭化，只剩完整的金箔。

金杖杖身上端有3组人、鱼、鸟图案，说明金杖既被赋予着人世间的王权，又被赋予着宗教的神权，它本身既是王权，又是神权、政教合一的象征和标志。

靠近端头的是两个前后对称的人头像，头戴五齿高冠，耳垂三角形耳坠，面带微笑。另两种图案相同，上方是两只两头相对的鸟，下方是两条两背相对的鱼。它们的颈部，都叠压着一根似箭翎的图案。图案的意义大致是：在神人的护佑下，箭将鱼射中，鸟又将箭杆带鱼驮负着归来。

这是一柄权杖，同时又可看作是具有巫术原理的魔杖。传说蜀的国王鱼凫是以渔猎著称，因而后世尊奉为神，这柄金杖有可能和鱼凫氏的传说有关系。

黄金面罩是古蜀人使用黄金制品方面的又一杰作。从制作工艺上看，是先将纯金捶锻成金箔，然后做成与青铜人头像相似的轮廓，将双肩双眼镂空，再包贴在青铜器人头像上，经捶拓、蹭试、剔除、黏合等工序，最后制成与青铜人像浑然一体的黄金面罩。

在三星堆众多的金器中，金面铜头像由铜头像和金面罩两部分组成，金面人像高41厘米，铜头像为平顶，头发向后梳理，发辫垂于脑后，发辫上端扎束。

金面罩大小、造型和铜头像面部特征相同，双眼双眉镂空，用土漆调和石灰作黏合剂，将面罩粘贴于头像上。头像尊严高贵、气度非凡，这金光熠熠、耀人眼目，俨然王者风范的"金面使者"乃当时社会高层人士，掌握生杀大权，具有首领的统治意味。

从三星堆青铜头人像上包金面罩的情况来看，早在商代，蜀人就知道黄金为尊，所以他们才在铜头像上再包贴金面罩，其目的并非仅仅为了美观，而是为了得到神灵的欢娱，以使铜头像代表的神灵更灵验一些。

同时，从金箔面罩可以看出，三星堆青铜人物雕像的面部有相当部分是高鼻、深目，颔下留一周胡须的形象，这种风格显然同商周时代我国的各种人面特征不同。

而在艺术风格上，三星堆青铜人物雕像的面部神态几乎都是庄严肃穆，眼睛大睁，尤其是着意表现双眼在面部的突出地位，这同西亚近东青铜雕像的艺术风格表现出来是一致的。

另外，三星堆金面人头像，像高48.5厘米，人头像为圆顶，面罩与面部结合紧密，倒八字长眉，杏核状眼，蒜头鼻，阔口，闭唇，宽方颐。长方形耳郭，饰云雷纹，耳垂穿有一孔。

发现于三星堆遗址一号祭祀坑的金箔虎形饰，高6.7厘米，宽11.6厘米，用金箔锤拓而成。巨头，昂首，口大张，眼镂空，大耳，身细长，饰虎斑纹，前足伸，后足蹲，尾上卷，呈咆哮状。

三星堆遗址二号祭祀坑的金箔鱼形饰长22.68厘米，宽1.85厘米，形似鲇鱼，又似细叶，从一面錾凿形线和刺点纹。头端戳有一小空，两侧錾一个小缺口。

四川省成都市西部的金沙村远古文明遗址，在1000多件遗物中，包括30件金器。以金箔和金片为主，有金杖、金面罩、金面具、金带、太阳神鸟金饰、盒形器、喇叭形器、四叉形器、圆形饰、蛙形饰、虎形饰、鱼形饰等。

这些金器采用的是锤揲、剪切、刻画、模冲、镂空、打磨等多种技法加工，其厚度一般为0.02厘米至0.03厘米，最厚的约0.04厘米，含金量83.3%至94.2%，其中有些工艺技术已达到较高水平，许多金器都是商代晚期至西周时期黄金工艺技术的代表之作。

一系列的发现表明，金沙遗址的金器具有浓厚的地域性特色，金沙先民有独特的"黄金崇拜"。首先是数量多，形制丰富，达几十种；其次，这些金器基本都是器物上的附件；再次，金面具等人物形象的金器在我国相当罕见；最后，金器的造型和图案有强烈的象征意义，包含着丰富的古代历史信息。

其中，金冠带上的图案反映的是古蜀人对祖先和鸟的崇拜，太阳

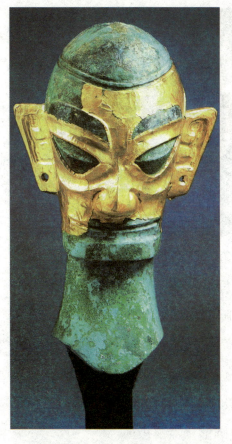

神鸟金饰则反映了古蜀人对太阳的崇拜。金冠带呈圆环形，直径上大下小，19.6至19.9厘米，宽2.68至2.8厘米，厚0.02厘米。

金冠带表面纹饰由4组相同图案构成，每组图案分别有一鱼、一箭、一鸟和一圆圈。这件冠带上的纹饰与三星堆器物坑金杖上的纹饰基本相同，都是以鸟、鱼、箭、人头为主要构图元素组成的图案。

金冠带与金杖都可能是当时古国古族至高无上的王权与族权的体现与代表，标示着金沙遗址与三星堆遗址的统治者在族属上同一性或连续性。

金冠带表面纹饰主要以錾刻的技艺完成，在局部纹饰中采用了刻画工艺。图案中鱼体宽短，大头圆眼，嘴略下钩，嘴上有胡须，鱼身刻画鳞片，身上有较长的背鳍，身下有两道较短的腹鳍，鱼尾作"Y"字形，两尾尖向前卷曲。箭头插于鱼头内，箭杆较粗，带尾羽，鱼的胡须处采用刻画工艺。

鸟位于箭杆后方，鸟头与鱼头朝箭羽方向，鸟为粗颈，长尾，大头，钩喙，头上有冠，翼展较小，腿爪前伸，鸟爪亦采用刻画工艺。

圆圈纹位于每组图案之间，直径约2厘米，外轮廓由两道旋纹构成，中间有两个对称的小圆圈，仍为两圈旋纹构成，每个小圆圈的上下各饰有一长方形方框，组成一个图案。

整个图案内容表现的是人用箭射鱼，箭经过鸟的侧面，箭头深插于鱼头内，所以这件金冠带称为"射鱼纹金带"。而这件特别的太阳鸟金饰件，在金饰上刻画着的是"太阳"和"鸟"的清晰图案。伴随着显示王权的大量玉器、金器的发现，足以证明这件金饰极有可能就是古蜀王举行盛大祭祀典礼遗存下来的宝物。

太阳神鸟金饰总体呈圆形，器身极薄。外径12.5厘米，内径5.29厘米，厚度0.02厘米，重量20克。整器呈圆形，器身极薄。

图案采用镂空方式表现，分内外两层，内层为一圆圈，周围等距分布有12条旋转的齿状光芒；外层图案围绕在内层图案周围，由4只相同的逆时针飞行的鸟组成。

4只鸟身较瘦长，翅膀短小，喙微下钩，短尾下垂，爪有三趾。鸟首足前后相接，朝同一方向逆时针飞行，与内层漩涡旋转方向相反。

太阳神鸟金饰整个图案似一幅剪纸作品，线条简练流畅，极富韵律，无论是外层的4只飞鸟，还是内层旋转的太阳，都充满强烈的动感，富有极强的象征意义和极大的想象空间。

特别是在红色背景衬托下，里面的漩涡就如同一轮旋转的火球，周围飞鸟图案分明就是红色的火鸟。外层飞行的神鸟和内层旋转着的太阳，表现的正是古蜀人对太阳神鸟和太阳神的崇拜和讴歌。

太阳神鸟金饰生动地再现了远古人类"金乌负日"的神话传说故事，4只神鸟围绕着旋转的太阳飞翔，周而复始，循环往复，生生不息。有研究认为其外层4鸟也代表春夏秋冬四季轮回，内层12道芒纹代表一年12个月周而复始。这是古代蜀人崇拜太阳的物证，也许当时古蜀人已经掌握了岁、时、月的概念以及形成的原因。

另外，从这个太阳神鸟金箔饰本身形象来看，内层12道漩涡状光芒，既像一道道火苗，又像一根根象牙，也像一轮弯月，极富美感。

古蜀人把所能够理解并掌握的自然现象和自然规律，总结为科学知识，如天文历法知识等；而把不理解的自然现象就归之于神秘的宗教崇拜和神话传说。

一方面祭祀祈祷天神和日神保佑；另一方面顺应天时，总结自然规律，利用自然规律，科学地安排生产和生活。同时，古蜀人首先又利用历法为农业生产服务。

古人采用的是观象授时的办法，来预告农事进程。即观测自然现象来判断农事季节。因此，鸟也可以代表四季。历法的先进性就是以

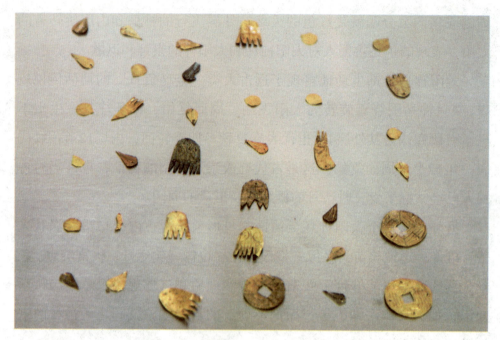

历年和太阳的回归年之间的无限接近为前提的，而要准确地测量回归年，最简单而又确切的方法是测量日影的长度。因此，崇拜太阳和鸟的古蜀人在总结历法的过程中，是离不开太阳和鸟的。

随着社会的进步，知识的积累，经过一代代巫师和古蜀人的努力，历法也在逐步得到改进。因此，宗教崇拜，尤其是太阳和鸟崇拜及历法都在古蜀人的生产和生活中起到至关重要的作用，太阳和鸟崇拜以及历法也是古蜀文化中的重要因素。

古蜀人使用历法的发展，除了古蜀人自己不断总结自然规律，不断进步以外，也借鉴了中原地区以及其他地区的历法知识。文献资料和考古材料都证明，古蜀人与其他地区，尤其中原地区的交流，自古就有，而且从来没有间断过。

太阳神鸟金饰构图凝练，是古蜀人丰富的哲学思想、宗教思想，非凡的艺术创造力与想象力和精湛工艺水平的完美结合，也是古蜀国黄金工艺辉煌成就的代表。

金沙遗址还发现中心孔圆形金饰，穿孔在圆心，器表略弧。器内壁有细微磨痕。直径1.1厘米。还有边缘孔圆形金饰，穿孔则在器物边缘，器身平整。

而这一件环形金饰，素面，残长15.9厘米，宽1.04厘米，环面宽窄不等，器身多有铜锈，环内外边缘有内卷痕迹。

金沙遗址竟然还有一件金盒，椭圆形，无盖，平底略外弧，高3.13厘米，宽2.97厘米，长9.43厘米。近沿外有多处擦痕，器表曾作抛光处理，器壁不平整，有破损。

金沙遗址也发现有金面具，高3.74厘米，宽4.92厘米。圆脸，耳朵外展，耳郭线清晰，耳垂上有孔，但未穿通。梭形双眼镂空，鼻梁高直，鼻翼与颧骨线相连，大嘴微张，镂空而成。器表作抛光处理，内壁则较为粗糙。

金沙遗址中的蛙形和鱼形金饰也很有特色，其中蛙形金饰，长6.96厘米。器呈片状，头部呈尖桃形，并列一对圆眼。"亚"字形身，背部中间有一脊线，前后四肢相对向内弯曲，尾端尖。脊两侧饰对称弦纹，由背脊处延至四肢，弦纹内饰一排连珠纹。

除此之外，另有几件金饰也各具特色。如喇叭形金器，

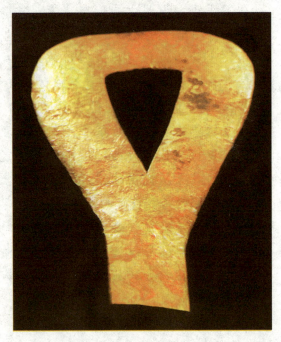

口径9.8厘米。器较矮，小平顶，顶上有一个不规则穿孔。器表不平整，内外壁均抛光，留有零乱的细密划痕。还有"几"字形金器，器呈"几"字形，长49厘米，外缘不规整，有内卷痕迹。附有铜锈，抛光处理。

条形金饰，素面。残长14.7厘米、宽1.6厘米。三角形金器，长25厘米。器呈圆角三角形，器一端有长方形柄。器外缘内卷，身中部有一裂缝。除此之外，商代葬墓中位于死者身体贴近部位的，多为饰于衣帽上的金箔。

拓展阅读

在四川古史传说中，曾留下了许多与黄帝、颛顼、大禹有关的记载，说明古蜀族与华夏祖先有着极深的渊源。在殷墟甲骨卜辞中至少有70条记载了蜀与商之间的关系。

大量的器物证明，四川盆地的先秦考古学文化受到中原地区、长江中下游地区和甘青地区等文化的强烈影响。

三星堆灿烂的金器展示了那个时代所特有的风貌，而这些金器所体现出的价值也不断地为了解古蜀国，提供了可靠的实证资料。在当时的环境和条件下能够掌握黄金的淘洗加工技术，而且又从挖掘的这些考古遗物上看，说明冶冶炼、捶锻、辗制加工已具有较高的水平。

特别是金杖、金箔面罩、金箔叶之类的工艺精湛内涵丰富的黄金制品，可以说明古蜀王国在制作工艺上居于世界领先地位，而且在黄金制品的用途和内涵方面更显示出了鲜明的特色和无穷的魅力。

好德尚礼的西周时期金器

　　我国自古就崇尚人的品德，在我国古人的眼中，认为只有好的德行才能是世间最珍贵的东西，也是一个人真正能谨守一生不会丢失的最大财富。由于西周时人们并不崇尚奢华，所以当时的金制品也非常少见，西周的金饰主要是河南省三门峡虢国墓地发现的金带饰，其中圆形饰7件，长方形饰1件，兽面纹饰3件，类似虎头形，另有1件为镂空兽面纹三角形饰，大小共计12件，总重433克。

　　虢国墓地的金带饰的制作工艺均为钣金浇铸成型，而且运用了镂空工艺。这些金饰件都位于棺内尸体腰部，估计应是腰带上的装饰件。山西省曲沃西周晋侯墓也发现两组分别为15件和6件的金腰带饰，从中可以看出，西周时期已开始流行成套的

金饰品。此外，在北京市琉璃河的西周燕国墓里发现了一件木胎漆，器身上镶有3道金箔，下面两道金箔上还嵌有绿松石，这是发现最早的一件金平脱古器。

金平脱工艺的出现，说明金器工艺从商代发展到西周，已经有了小小的进步，而且这个工艺也可以看作是金工艺寻求独立发展的萌芽。

尽管西周时期的金制品非常少见，但从已发现的实物看，明显存在着地区差别。北方长城内外地区多纯金制成的首饰类器物，如金耳环、金臂钏等，而中原地区和西南地区却多用薄金工艺把黄金加工成箔片，然后贴、包于铜器和漆木器之上，起装饰作用。

如甘肃礼县大堡子西周晚期秦人墓发现的金饰片中，有金虎2件、鸱枭形金饰片8件、口唇纹鳞形金饰片26件、云纹圭形金饰片4件、兽面纹盾形金饰片2件、目云纹窃曲形金饰片2件，推定为棺木装饰。

其金虎长4.1厘米、高16厘米、宽3至4厘米。鸱枭形金饰片高52厘米、宽32厘米，以金箔剪裁而成，通身饰变形窃曲纹为翎毛，窃曲纹的余白中为形状各异的镂孔，使得鸱枭形象异常富丽。

这两件金饰纹路清晰，凸凹起伏，犹如青铜器铸造出的纹样。它在锤揲中似采取了加底衬式冲模等高超的手段。从先秦各金箔饰物的具体状况看，被金箔装饰的器物有铜器、玉石器、漆器、木器及衣帽等。

河南浚县辛村的西周墓发现的包金铜兽头一大一小，形制相同，大者长2.8厘米、宽2.8厘米，小者长2.4厘米、宽2.6厘米，铜兽头刻镂精细，外包金箔薄匀，花纹毕露。

墓中还有矛柄饰金箔24片，有条形、圆形、人字形、三角形等状，分贴于矛柄的各部位。

金箔贴于玉石器的器物，如陕西省扶风强家的西周墓发现的绿松石柄形器一件，顶端排列整齐绿松石片，并束有一圈金箔片。河南省洛阳北窑的西周墓发现玉柄形器的鞘饰上，也镶嵌有金箔片。

陕西淳化史家塬的西周墓人骨朽痕处有金片31件，亦应是衣物金饰，可分为方形和三角形两种，方形最大者长4.5厘米、宽3.5厘米，三角形最大者边长为2.5厘米。

掐丝是金器制作的基本技法之一，其做法是将锤打成极薄的金片，剪成细条，慢慢扭搓成丝，可以单股，也可以多股。另外还有拔丝，是通过拔丝板的锥形细孔，将金料挤压而入，从下面的小孔将丝抽出，较粗的丝也可直接锤打而成。

陕西、山西北部交界一带发现的西周时金耳环，通常称"珥"，共26件，形制相似，均是月牙形金片，一端呈螺旋形，另一端为伸出的金丝，或穿有一绿松石。

还有一种是圆圈形，发现于辽宁省朝阳魏营子西周墓，它是用金丝绕成两圈。内蒙古自治区杭锦旗阿鲁柴登西周末期墓葬发现的金锁链则由多股金丝编成，金丝细如毫发。

拓展阅读

西周时，在金器工艺中还发明了錾刻，《荀子·劝学篇》说："锲而不舍，金石可镂。"锲是用刀刻，镂是雕刻。可知先秦时代多用刻镂的方法加工金石器物。

在考古学中多称这种方法为錾刻或雕镂，它是在器物成型之后的进一步加工技术，多施用于花纹。从后世金器制造来看，錾刻工艺十分复杂，工具有几百种之多，根据需要随时制作出不同形状的錾头或錾刀。

一类錾头不锋利，錾刻较圆润的纹样，不致把较薄的金片刻裂，用肉眼就能观到錾刻的痕迹，由一段段的短线组成。另一类錾头锋利如凿子，錾出较细腻的纹样，在制作实施时又分两种，一种线条为挤压出来的，另一种线条为剔出来的。

錾刻技术产生出丰富多彩的艺术效果，有时为平面雕刻，有时花纹凹凸呈浮雕状，可在器物的表里同时使用。金器捶揲成型后，錾刻一直作为细部加工手段而使用，也运用在铸造器物的表面刻画上，贴金、包金器物的纹样部分也采用此法。

秦汉唐代

　　秦朝由于年代短促，遗留的金银器不多，仅在始皇陵所出铜车上有所发现。其中金质的有金当卢、金泡、金项圈部件、纛座上镶嵌的金珠等，银质的有银、银镳、银軎、银辖及银环、银泡、银项圈部件等，均系铸造成型。错金银技艺在春秋中晚期开始兴起，到汉代，这种技艺已经成为我国传统金银工艺的主流，并且达到了相当高的水准。

　　唐代在金银器制作工艺方面，既善于总结和继承前人的成就，又思路开阔，吸收消化外来文化中的丰富营养，创造出一种五彩斑斓、璀璨夺目的崭新文化。

秦朝王者之风的金银器

从春秋战国时期，秦国的金银器主要是金制品，银制品极为罕见。无论是黄金制品的数量还是从造型、工艺水平上看，秦国的金制品在诸侯国中都表现得最突出。

在陕西省凤翔秦都雍城地区的马家庄宗庙遗址、秦公一号大墓和凤翔西村秦墓中及始皇陵中，发现黄金制品百余件，既有花纹繁复、

造型独特的装饰品，如龙首蟠龙、盘蛇、鸳鸯金带钩、金兽面、金方泡、玉环金铺首等；也有做工精细、精美绝伦的实用器，如错金虎符、错金银铜鼎、鎏金蒜头壶、金洗、金环首铜刀等。

此外，秦国的一些铜

铁器的柄部也饰有金柄，如陕西省宝鸡益门村春秋墓发现有3件金柄铁剑。除秦公一号大墓的一件金箔系锻打之外，其他所有金器全是铸造成型，明显受到当时青铜工艺的影响。

根据凤翔和宝鸡等地所发现金器的规范程度和统一的造型风格推断，上述金器应是秦国官府作坊统一制造的，地方官府和在当时的客观条件下是不可能制造金器的。

秦始皇统一全国后，除黄金制造业外，还出现了银器制造，但仍以金器制造为主。此时的金制品已由礼器和装饰品向实用器发展，主要是一些大型车马的部件和饰件，很少有实用生活器皿。

秦朝由于年代短促，遗留的金银器不多，大多在始皇陵所出铜车上有所发现。陕西临潼秦始皇陵封土西侧20米处的一个陪葬坑里，发现两乘大型陪葬铜车马，一前一后排列，大小约为真人真马的二分之一。

制作年代至晚在陵墓兴建时期，即公元前210年之前。铜车马主体为青铜所铸，一些零部件为金银饰品，各个部件分别铸造，秦代工匠

成功地运用了铸造、焊接、镶嵌、销接、活铰连接、子母扣连接、转轴连接等各种工艺技术，并将其完美地结合为一个整体。

如秦陵二号铜车马的零部件中就有金制件737件，银制件983件。

一号铜车马为双轮、单辕结构，前驾4马，车舆为横长方形，宽126厘米，进深70厘米，前面与两侧有车栏，后面留门以备上下。

车舆右侧置一面盾牌，车舆前挂有一件铜弩和铜镞。车上立一圆伞，伞下站立一名高91厘米的铜御官俑。其名叫立车，又叫戎车、高车，乘车时立于车上。该铜车马共由3500多个零部件组成，总重约1040千克，其中金饰件3000余克，银饰件4000余克，车马通体饰有精美绝伦的彩绘。

该车伞杠上有圆管形错金银纹样两节，纹样环伞杠一周，上下两端各有一条宽0.35厘米的金银错粗环纹，及一条细线作为纹样的上下界。中间部分也有3组凸起的阳弦纹作为整个图案纹样分组的间隔条带。

由上向下数第一、三两组阳弦纹上的错金银纹样基本相同，中间凸起的部分都是以金银错的横"S"纹作为主题纹样，形成二方连续的环带纹。纹样与纹样之间也是以3条细金银错线相隔。

金银勒是控驭马的重要器具。一号铜车前所驾的4匹铜马的头上各戴一副。4副勒的形制、结构和编缀方法基本相同，大小相似。主要的连接点上缀有金质或银质的圆泡形节约，额部饰金当卢。

金当卢为马头的金饰件，勒套装于马头后，当卢则位于马额中央。长9.6厘米，最宽5厘米，厚0.4厘米。分上下两层，上层为金质，下层为铜托。两层大小、形状相同，连接一起。

正面的周边有突起的状似流云纹的阳线边饰，中部为两条左右相对组成的类似蝉纹的浅浮雕单独纹样，二者交合为一的两条蟠虺纹。

金当卢背面的铜托上铸有4个纽鼻，两两相对。纽界内贯穿纵横呈十字形铜条，此铜条与托板、纽鼻铸连一起，用以连接金银勒上的链条，起节约作用。

位于马口两侧的链条上连接着银表和铜衔，位于喉革部分的链条上悬挂着铜丝扭结成的璎珞。左骖马和右骖马的勒除连接着银铆、铜衔外，还有铜橛以及连接衔、橛的圆片形铜构件。

勒是套在马匹头部，用来控制马匹的核心部件。俗称马笼头，古代又名羁，亦称络头。《淮南子·原道训》："络马之口，穿牛之鼻者，人也。"古代马勒多以革带制作。革带相交处，常见以底部带有

钮鼻的铜环或铜泡连接，称为节约。

秦陵铜车中的马勒则是用金银子母节连接成的条带构成，条带的交叉处用底部有钮鼻、表面铸花纹的金泡和银泡连接并装饰。

络有衔者谓勒，铜车马之衔由两节两端有环的铜棒相连而成，中间的小环相互穿接，两端的大环用于贯镳。镳为银质，呈弧形扁棒状，每副勒上两根，与勒系连为一体，分别位于马嘴两侧。

镳的形状以弯月形居多，有的呈上尖下粗的牛角形，有的呈拉伸的S形。其质地有角、木、铜、银、玉、象牙等，铜镳占多数。

镳在实用功能之外，还以其质地和纹饰的不同表示尊卑，是马具中表示车主的身份的部件之一，很受人们重视。《后汉书·舆服志》记载，皇帝的乘舆"象镳镂钖"，王公、列侯的车"朱镳朱鹿"。

秦陵铜车中的8匹马皆银镳、金银勒，尽显高贵之气。

马勒套络于马匹头部，勒上系着辔绳，御者手握辔绳控驭马匹。御者根据需要做出不同的牵拉操作，辔绳另一端的衔、镳就会对马的口部施加不同的压迫，受过训练的马匹自然会遵从御者的指挥行动。

假如需要马匹停步或慢行，御者在发出口令后，只需同时牵拉双侧的辔绳，受到双侧辔绳共同作用的铜衔，就会向后勒挤马口。在铜衔的勒挤下，马匹便会做出扬头顿蹄的动作，随之停止或放慢脚步。

假如需要指挥马匹转向，御者在发出口令后，只需牵拉朝向一侧的那根辔绳，受其作用，马口中的铜衔便会被拉向该侧；此时，铜衔另一侧穿插的镳就开始发挥作用，既阻止铜衔抽脱马口，又逼迫马头向牵拉一侧转动。在辔绳、铜衔的带动和镳的迫使下，马匹必然按照御者的要求转向。

通过马勒在控制马匹中所起的作用，特别是衔、镳的功能和用法，便清楚地展现了衔镳相连、随辔而动的场景，还可以生动地诠释"分道扬镳"这句成语的原始含义。两人分别，各自牵动马辔，勒上之镳随之扬起，车骑转头绝尘而去。

一号铜车的车舆呈横长方形，前面的左右两角成弧形钝角，后面的两角为直角。横宽74厘米，纵长48.5厘米。舆的四面装有軨。前有轼，后面为敞口车门。前侧车轸上端与轼之间以弧面形的掩板相连，使舆的前部形成半封闭的空间。

前軨的上部偏左装有银弩軛两个，承托着铜弩的弓背，弩臂置于轼和掩板上。形状和大小相同，长12.3厘米，軛的后部呈长方筒形，前部有一含口，含口的上唇短，末端向下微勾呈鸟状，下唇长而斜向上方弯曲，末端呈鸭首形向前平伸，整个下唇的形状犹如鸭举颈昂首。其上侧及左右两个侧面铸有浅浮雕状的流云纹。

軛的作用有二：一用以承弓，二用以张弩。

此外，秦俑坑的5个探方内也发现有金节约、金泡等。陕西兴平发现的秦代错金银云纹犀尊也是那时的珍品，通高34.1

厘米。造型雄奇浑厚，壮健有力。两眼前视，双角上竖。犀身整体以错金银云纹为饰，云纹细如游丝，运线流利生动。表现了秦代工艺匠师的高度技艺。

除陕西省以外，在山东省淄博窝托村西汉齐王刘襄陪葬器物中，还发现了银器130余件，其中有一件公元前214年制造的鎏金刻花银盘，制作精细，装饰讲究。

鎏金刻花银盘高5.5厘米，口径37厘米，重1705克，直口，平折沿，折腹，地微内凹。口沿及内外腹壁錾刻3组龙凤纹，每组布局疏密适宜，采用二方连续的环状图案，龙凤纹为S形结构，宛如流动的几何图形。3组龙凤纹上下相互叠压交错，龙首张口回顾，凤首卷曲，颈饰凤羽。

盘内底中心錾刻3条盘龙纹。龙首张口，额顶有角，躯下有足，龙尾弯曲与另一条龙相衔接。构图于规整中寓变化，线条古朴、抽象，而又流畅、华美，呈现出自由奔放、活泼秀丽的神秘感。

器身内外装饰纹样采用满地装，龙飞凤舞，布满全身，显得繁缛华丽。银盘制作工艺精湛，錾刻娴熟精致，纹饰处全部鎏金，银色的质地，金色的纹饰，交相辉映。

盘口沿底面和外底刻有铭文47字。……外底所刻"御羞"，即"御馐"。御馐归属少府，管理帝王膳馐原料，也提供帝王美食，因此，这件银盘系专供帝王美食之用。

这一件银盘刻花鎏金，纹饰錾刻得极为精致，可以看出秦代艺人娴熟的技巧。而且，所呈现的花纹规整、细腻，有很强的韵律感，应该说是在当时已有相当水平的工匠和很像样的作坊了。

刘襄墓中还发现两件略小的银盘，饰波折纹、花叶纹和云龙纹等，纹饰上全部鎏金。

根据对这些金银配件的研究已能证明，秦朝的金银器制作已综合使用了铸造、焊接、掐丝、嵌铸法、锉磨、抛光、多种机械连接及胶粘等工艺技术，而且达到很高的水平。

拓展阅读

秦代金银器虽然发现得并不多，但从文献记载分析，秦代的金银器数量应是相当大的。因秦陵地宫至今尚未发掘，真实情况还不得而知。

秦陵铜车的马勒上各有一件叶形的金饰件，勒套装于马头后，叶形金饰位于马额中央。饰件的正面以浅浮雕形式塑出二者交合为一的两条蟠虬纹；背面有四纽鼻，用以穿连勒带，同时起着节约的作用。《秦始皇陵铜车马发掘报告》及诸多介绍文章，均将此饰件定名曰当卢，但实际此物的本名应是钖或镂，当卢是其俗称，名称出现较晚。

使用镂钖的车马，一般级别规格较高，当卢即当颅也，名称与佩带的位置有关，是后世的俗称。以当卢注镂钖，正说明当卢名称较晚，世俗皆知。当卢一般无雕饰，无级别限制，使用比较广泛。

秦陵铜车是皇帝乘舆车队中的马车，级别高贵，马额中间的叶形金饰雕刻花纹，是古代镂钖的典型形象，称其为当卢不够精确。

富丽堂皇的汉代金银器

汉王朝是充满蓬勃朝气的大一统封建帝国，国力十分强盛。在汉代墓葬中出土的金银器，无论是数量，还是品种，抑或是制作工艺，都远远超过了先秦时代。

汉代金银器工艺在前代的基础上，又获进一步的发展。为满足需

要，所制器物极为精致、豪华。

如河北省满城西汉中山靖王刘胜夫妇墓发现的单鎏银盒，湖南省长沙五里牌和五一街东汉墓发现的银碗、银调羹等。

除饮食具外，更多的是各种金银装饰品。如在江苏省邗江甘泉山汉墓发现大批黄金首饰，其中的一对金胜由两个相对的三角形和圆形组成，圆形凸起如球

面，用绿松石掐丝镶嵌圆心，外有小金球组成一圈联珠纹，制作甚为精美。

汉代有的金银器除镶嵌绿松石等材料外，还饰以人物、动物等，如河北省定县汉墓发现的金银错狩猎纹铜车饰，呈竹管状，表面有凸起的轮节。

将车饰分为4段，用金银错装饰以狩猎为主题的花纹，并嵌有圆形和菱形的绿松石，其间饰有人物及象、青龙、鹿、熊、马、兔、狼、猴、羊、牛、猪、狐狸、獐、鹰、鹤、孔雀等动物形象，并穿插以菱形纹、波纹、锯齿纹。

整个车饰构图饱满，气魄宏大，风格瑰丽，反映了作者丰富的想象力和卓越的技巧。

金制的动物如江苏省盱眙县发现的西汉金兽，通高10.2厘米，身长16厘米，身宽17.8厘米，重9000克。空腹、厚壁，浇铸成形。

金兽下盖着一个精美奇特的铜壶，壶内装满了金器，其中9块半金饼重达2864克，15块马蹄金、麟趾金重达4845克，11块金版"郢爰"重达3260克。黄金总重量超过20千克。

金兽呈蜷伏状，头枕伏于前腿上，屈腰团身，首靠前膝，耳贴脑门两侧，头大、尾长、身短而粗壮，似虎更类豹。附耳瞪目，张口露齿，神态警觉，颈部戴三轮项圈，头顶有一环钮。

通体斑纹是在兽体铸成后再捶击上去的，大小相当，呈不规则的圆形，十分精美。底座空凹，内壁刻有小篆"黄六"两字，为秦汉文字。"黄"指质地为黄金，"六"为序数。

错金银技艺在春秋中晚期开始兴起，到汉代，这种技艺已经成为我国传统金银工艺的主流，并且达到了相当高的水准。

如中山靖王刘胜王后的陪葬品中发现了一些错金银器物，一件"朱雀衔环杯"上复杂多变的花纹都是用金线错出来的。

朱雀衔环杯通高11.2厘米，宽9.5厘米。以衔环朱雀脚踩一四足双耳兽为主体造型。杯内外饰错金柿蒂纹，座饰错金卷云纹。

朱雀衔环矗立于两高足杯之间的兽背上，通体错金。朱雀展翅翘尾，双翅羽毛向上卷扬，呈展翅欲飞状，轻轻盈盈地凌空取势，神采飞扬，喙部衔一能自由转动的白玉环。

不禁让人联想到古代《说卦传》中的"乾，为天为环"之说：正

像圆环的无始无终一样，天道的运行亦是循环往复以致无穷无尽……这枚玉环更为朱雀衔环杯增添了神秘色彩。

朱雀所踏四足双耳兽匍匐，四足分踏在两高足杯底座上。在这里，兽的突然介入，不仅调节了朱雀双腿之间的跨度，也从意象上渲染了神雀凌驾万物之上的傲然风度。

朱雀衔环杯通体鎏金，其

间还点缀有30颗翠绿色的松石，松石分为圆形和心形两种，其中颈和腹部嵌4颗，杯外每一个杯分别嵌13颗共26颗。

除此之外，墓葬中最炫目的宝物是一盏长信宫灯。作为灯体的宫女显得金光闪闪，但是它并不是纯金制品，而是用鎏金的技艺制作的。

西汉之初，刘揭在消灭吕后的势力中立下了汗马功劳，因此被封为阳信夷侯。汉景帝时期，刘揭的独生子因参与"七国之乱"而被废除了爵位，他的财产被没收，进入了长信宫，其中就包括一盏做工精巧的青铜灯。

长信宫是汉景帝时皇太后窦氏居住的宫殿，这盏灯被送入长信宫浴府使用，故又增加了"长信宫"字样的铭文以示宫灯易主。

后来，这盏"长信宫灯"又由窦氏送给她心爱的孙儿刘胜。刘胜之妻窦绾将铜灯视为珍宝，死后就将灯随她埋入河北省满城县中山靖王刘胜夫妻墓中。

此灯的形态为一跪地执灯的梳髻覆帼、着深衣的跣足年轻侍女，手持铜灯。整件宫灯通高48厘米，重15.85千克。由头部、右臂、身躯、灯罩、灯盘、灯座6个部分分别铸造组成，头部和右臂可以组装拆卸，便于对灯具进行清洗。

宫灯部分的灯盘分上下两部分，刻有"阳信家"铭文，可以转动以调整灯光的方向，嵌于灯盘沟槽上的弧形瓦状铜版可以调整出光口开口的大小来控制灯光的亮度。右手与下垂的衣袖罩于铜灯顶部。

宫女铜像体内中空，其中空的右臂与衣袖两片弧形板合拢形成铜灯灯罩，可以自由开合。燃烧的气体灰尘可以通过宫女的右臂沉积于宫女体内，不会大量散到周围环境中。灯罩上方部分残留有少量蜡状残留物，推测宫灯内燃烧的物质是动物脂肪或蜡烛。

灯盘有一方銎柄，内尚存朽木，座似豆形。宫灯表面没有过多的修饰物与复杂的花纹，在同时代的宫廷用具中显得较为朴素。

灯座底部刻铭文9处，共65字，内容包括灯的重量、容量、铸造时间和所有者等。如："长信尚浴，容一升少半升，重六斤，百八十九，今内者卧"。

宫灯通体鎏金，光彩熠灼。宫女身穿长衣，衣袖宽大，她面目端庄清秀，凝眸前视，目光十分专注，头略向前倾斜，神情恭谨、小心翼翼，表现出一个下层年轻宫女所特有的神态。宫女双手持灯，左手持灯盘，右臂上举，宛如举灯相照的神态。

长信宫灯采取分别铸造，然后合成一整体的方法，此灯设计之精巧，制作工艺水平之高，在汉代宫灯中首屈一指。

长信宫灯形象秀美，设计精妙，将灯的实用功能、净化空气的原理和优美的造型有机地结合在一起，整个造型自然优美、舒展自如、轻巧华丽，一改以往青铜器皿的神秘厚重，是一件既实用、又美观的灯具珍品，体现了古代匠师的创造才能以及当时的科学技术水平。

刘胜墓同时发现的一件错金青铜云纹博山炉高26厘米，腹径15.5厘米，圈足径9.7厘米。炉身呈半圆形，炉盘上部和炉盖铸出高低起伏的山峦。

博山炉汉代开始出现，多为铜铸，后代多有仿作。香炉的肇始起因于焚香习俗。西汉初期，汉武帝之前，已经有了许多专用于焚香的香炉。古人多采用焚烧香料的办法驱逐蚊蝇或去除生活环境中的浊气。特别是在南越，熏香的风气更盛。但那时所用香炉造型大都非常简单。

汉代神仙方术流行，人们多向往长生不老的仙境。汉武帝嗜好熏香，也信奉道教。道家传说东方海上有仙山名为"博山"。

武帝即遣人专门模拟传说中博山的景象制作了一类造型特殊的香炉，即博山炉，博山炉盖作尖锥状山形，仿佛传说中的海上仙山。

刘胜墓发现的这件错金青铜云纹博山炉，炉盖呈尖锥状博山，因山势镂孔，雕塑出生动的山间景色。通体用金丝和金片错出流畅、精致、舒展的云气纹，金丝有粗有细，细的犹如人的头发丝一般。座把呈透雕三龙出水状，龙首顶托炉盘，象征着龙为沟通天、地、人三界的神兽。

炉盘装饰以错金流云纹。盘上部铸出峻峭起伏的山峦，奇峰耸出，山林间饰错金线神兽出没、虎豹奔走，轻捷的小猴蹲踞在高层峰峦或骑在兽身上嬉戏玩耍，猎人们出现在山间，有的肩负弓弩，有的正在追捕逃窜的野猪，气氛紧张，画面生动。两三棵小树点缀其间，刻画出了一幅秀丽山景和生动的狩猎场面。

当薰香点燃时，香烟透过峰谷间铸有的空隙缭绕于山间，产生山景迷蒙，群兽灵动的奇异效果。炉器座较低，座把由透雕的3条蛟龙跃出波涛翻滚的海面，盘成圈足，以龙头擎托炉盘随风飘荡的流云。

被"错金错银"工艺装饰过的器物表面，金银与青铜呈现出不同的光泽，彼此之间相映相托，将图案与铭文衬托得格外华美典雅，色彩对比、纹饰线条更加鲜明，艺术形象更为生动。该作品色彩黑、黄呼应，工艺精湛，装饰华美，是一件古代青铜珍宝。

汉时博山炉有竹节形长柄熏炉和短柄龙座薰炉等形制，而以短柄博山炉最为常见，其器身较短，较适合于当时席地而坐时置于席边床前或帏帐之中。而另一类长柄炉多适用于宴会等公共场合。

武帝之后，博山炉依然十分流行。据载，汉宣帝时的博山炉上还刻有刘向作的铭文：

嘉此王气，崭岩若山；上贯太华，承以铜盘；中有兰绮，朱火青烟。

据《西京杂记》记载，汉成帝时，长安的著名工匠丁缓，就曾制作了极为精巧的九层博山炉，镂以奇禽异兽，"穷诸灵异，皆自然运动"。

丁缓还做出了更为著名的放在被褥里用的"被中香炉"，其原理与现代航空陀螺上的万向支架完全相同。

博山炉盛行于两汉与魏晋时期。后来，这种炉盖高耸如山的博山炉逐渐演变成香炉的一个固定类型。后世历代都有仿制，并各有变化，留下了各式各样的博山炉。

虽然在博山炉之前已经有了熏炉，但都不像博山炉那样特点明确，使用广泛，影响久远，所以人们也常将博山炉推为香炉的鼻祖，并常把"博山"、"博山炉"用作香炉的代称。

进入东汉以后，鲜卑、乌桓、柔然、敕勒等民族在草原上逐渐强盛，尤以鲜卑的金银器最具特征，从时代上分为3个阶段。

东汉时期以装饰品为大宗，以狼、野猪、鹿、驼、马、羊、神兽等动物造型为主。其表现形式，有以写实为基调的单体动物，也有将动物重叠、排列，图案规范整齐的同种动物的重复组合。

总体上说，金银器中最为常见的仍是饰品，金银器皿不多，可能因为这个时期鎏金的做法盛行，遂以鎏金器充代之故。

汉代由于社会长期相对稳定，统治阶级拥有大量黄金，甚至铸造金饼、马蹄金投入流通领域。

我国自商周以来加工黄金所用的制箔、拔丝、铸造等技法，这时仍继续沿用。金箔除裁成条状用于缠裹刃器的环首等处外，还剪成花

样以贴饰漆器。

如湖南省长沙与广西合浦的西汉墓中，都发现过金平脱漆器，或从这类漆器上脱下的人物、禽兽形金箔片。金丝多用于编缀玉衣，在各地出玉衣的大墓中曾大量发现。

至于铸造的金带钩、金印等物，在汉代更不乏其例。比如内蒙古自治区准格尔旗西沟畔的匈奴墓西汉包金花草纹带饰，长9厘米。包金卧羊带饰，长11.7厘米。

就制作技术而论，汉代黄金细工最重要的成就是发明了金粒焊缀工艺，即将细如粟米的金粒和金丝焊在金器表面构成纹饰。

河北省定县八角廊的西汉墓发现的镶有琉璃面的马蹄金和麟趾金状金饰，在器壁上部焊有用小金粒组成的连珠纹带。

河北省定县北陵头村东汉墓所发现的金龙头，不仅其金粒和金丝的组织更加精巧，连龙角上都缠以纤细的金丝，其上还镶嵌有绿松石和红宝石。

乐浪古墓与新疆博格达沁古城址所发现的金质龙纹带扣，式样相仿，上面均有一条大龙和6条小龙出没于缭绕的云气之中。其构图之生动，工艺之精细，已臻汉代金银器之极致。

江苏省邗江甘泉镇汉墓的王冠形金饰直径1.5厘米，重2克，金饰上之重环纹是用细如苋籽的小金粒焊成的。

同时发现的一件龙形饰物，残长4.6厘米，重2克，在豆粒大小的龙头上竟能以细小的金粒、金丝构成眼、鼻、牙、角、须等器官，特征毕具，历历可辨。

这一汉墓中有盾形金饰、品形金饰各一件，盾形饰高1.5厘米，宽1厘米，厚0.5厘米，重2.3克，品形金饰高2.1厘米，宽1.5厘米，厚0.6厘米，重4.7克。

此外，在邗江甘泉东汉墓中还发现有空心金珠，是用两件较大的和12件较小的金圈拼焊成24面空心球体，再在各金圈相连接处，以4枚小金粒堆焊出24个尖角。

该墓还发现有"广陵王玺"金印，通高2.1厘米，边长2.3厘米，重123克。

西汉时国力超前强盛，四方番国齐来朝见，因此朝廷也以贵重的金印来赐给地方番王，除上述"广陵王"金印外，最著名的是古南越王金印和滇王金印。

西汉南越王墓位于我国广东省广州象岗山上，是西汉初年南越王国第二代王赵眜的陵墓。

在秦末楚汉相争之际，时任南海郡尉的赵佗吞并桂林、象郡，于公元前203年建立南越国，定都番禺。南越国疆域基本就是秦朝岭南三郡的范围，东抵福建西部，北至南岭，西达广西西部，南濒南海。

从赵佗最初称王以后，南越国共传5代王，历时93年。开国之君赵佗僭称南越武帝，第二代王赵眜为赵佗次孙，公元前137年至公元前122年在位，在《史记》中被称为赵胡，僭称文帝，第三代王赵婴齐为赵眜之子，死后称明王，皆筑有陵墓。

赵眜的南越王墓劈山为陵，墓室仿照生前宅居筑成，后部主室居中，为墓主棺库主室，墓主身穿丝缕玉衣，随身印章9枚，最大一枚为"文帝行玺"龙钮金印，此外，还有螭虎钮"帝印"。龟钮"泰子"金印以及墓主"赵眜"玉印等。

　　南越王墓中金印是国内首次发现的汉代帝王金印，被称为"镇墓之宝"的是那枚"文帝行玺"金印，在传世或发现的秦汉印章中，未见一枚皇帝印玺，只有文献记载。

　　据文献所载，帝印都是白玉质印、螭虎钮印，印文是"皇帝行玺"或"天子行玺"；而南越国赵眜这枚帝印却是金质印、蟠龙钮印，印文是"文帝行玺"。这是金印的独特之处，是南越国自铸的南越王生前实用之印。

　　这枚"文帝行玺"金印是正方形，印台长3.1厘米、宽3厘米、高0.6厘米、通钮高0.6厘米，重148.5克，含金量非常高。印面呈田字格状，阴刻"文帝行玺"4个小篆体的字，书体工整，刀法刚健有力。

　　蟠龙钮是一条龙蜷曲的样子，龙的首尾和两足分置在4个角上，似腾飞疾走，印面槽沟和印台四周壁面都有碰撞和划伤的痕迹，而且还遗留着一些暗红色的印泥。印台背上的龙，有些部位磨得十分光滑，说明这枚金印是墓主人生前日常行使王权的大印。

　　南越王墓"太子"金印和"右夫人玺"金印都不是龙钮，而是龟钮。"太子"金印也是首次发现，在传世印玺中未曾见过。其中"右夫人玺"金印通高1.6厘米，边长2.2厘米；"太子"金印通高1.5厘米，长2.6厘米，宽2.4厘米。

　　按秦汉礼制规定，只有皇帝、皇后的才能称"玺"，其他臣属的印是不能称"玺"的。皇帝用玺并非只有一种，而有多种。例如用于赐诸侯王的"皇帝之玺"、用于封国的"皇帝行玺"、用于发兵的"皇帝信玺"、用于册封外国的"天子之玺"等。

　　"皇帝玺"被视为"传国玺"，历代统治者视为保国镇疆之宝，正所谓"得宝者得天下，失宝者失天下"。而赵眜的"文帝行玺"是个人专用，不往下传，因此死后用于陪葬。

历史上发现的印不少，但大多是铜质、玉质或水晶质的，很少发现有金印，只有12枚，12枚金印中属东汉的有8枚，属西汉的4枚，仅南越国便占了3枚。

南越王墓的金器除金印外，还有金带钩、金花泡和杏形金叶，均是饰物。而金花泡普遍被认为是海外输入的"洋货"。

南越王墓中有一件白色的银盒特别引人注目，那闪闪发光的花瓣显得尤为突出。这个呈扁球形银盒，通高12厘米，腹径14.9厘米，重572.6克。在主棺室，盒内有10盒药丸。

从造型、纹饰和口沿的鎏金圈套等工艺特点看，银盒与我国传统的器具风格迥异，但与古波斯帝国时期遗物相似。经化学分析、鉴定，认为是波斯产品，银盒里的药丸很可能是阿拉伯药。因此，银盒并非南越国制造，而是海外舶来品，具有重要的历史价值。

南越王墓的银器除了银盒外，还有银洗、银卮和银带钩，都是越

王室的专用器具。7件银带钩工艺十分精美，有5种式样，钩首有雁头形、龟头形、龙头形和蛇头形等。

特别是主棺室中的那件银带钩，通长18.4厘米，呈弓状，镶嵌宝石并饰以凸浮雕。龙头形的钩首饰以卷云纹和

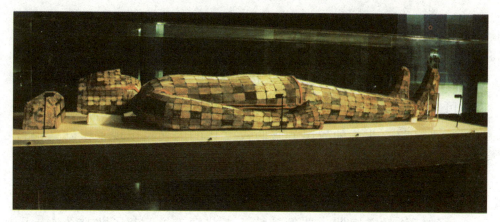

腾跃的飞虎。

复杂的纹饰，发光的宝石，通体鎏金，显得高贵华丽，是很好的工艺精品，反映了主人高超的制作工艺和审美观点，从中也可看出当时人们的生活风尚。带钩的用途，主要用于扣接束腰的皮带，还可以用于佩剑和钩挂刀剑、钱袋、印章、镜囊及各种饰品。

西汉南越王中，还发现了我国唯一的错金铭文铜虎节，堪称孤品。高11.6厘米，长19厘米，厚1.2厘米，铜虎为一扁平板虎，昂首挺胸，呈蹲踞之势；它露齿张口，弓腰瞪眼，威风凛凛，十分气派；其尾巴卷曲成"8"字形状，前后足下有浅槽，头和足的转折处及脸部的皱纹均以短线勾勒出来，十分清晰；铜虎全身黑色，但身上的斑纹颜色艳丽，是用贴着金箔片的弯叶形浅凹槽表示的，极富立体感。

"节"，在我国古代是一种信物，是使者持有的一种凭证。这件错金铭文铜虎节的正面有错金铭文"王命命车徒"5个字，说明这是一件调动车兵的信符，它应该是南越文王赵眜生前调兵遣将的令符。

发现于云南三晋宁石寨山古滇王族墓葬群的滇王金印，是公元前109年汉武帝赐予滇国国王的一枚金印，是古滇王国存在的证据。

这枚发现于墓漆棺底部的滇王金印通体完好如新。印作蟠蛇钮，栩栩如生地雕刻了一只身体蜷在一起的蛇，蛇背有鳞纹，蛇首抬起伸向右上方。印面每边长2.4厘米，印身厚0.7厘米，通纽高1.8厘米，重89.5克。纽和印身是分别铸成后焊接起来的。文乃凿成，笔画两边的凿痕犹可辨识，篆书，白文4字，曰"滇王之印"。

西汉时期，北方匈奴民族吸收汉文化的因素，出现了银匙、银箸等饮食器，用途扩大。造型和装饰艺术在继承战国遗风的基础上又有创新，出现了动物与自然环境的图案。

匈奴民族的金银器，造型独特、工艺精美，掀起了北方草原地区金银器发展的第一次高峰。中原和南方地区的金银器，大体看来，与北方匈奴少数民族地区金银器的形制风格截然不同，多为器皿、带钩等，或是与铜、铁、漆、玉等相结合的制品，其制作技法仍大多来自青铜工艺。此外，包金青铜器和以金、银镶错的技艺也十分兴盛行，并有很多杰出的创造。

拓展阅读

"错金错银"工艺到了战国时期已经发展得十分成熟，不仅容器、带钩、兵器等使用"错金错银"，在车器、符节、铜镜和漆器的铜口、铜耳等处，也大量使用精细的"错金错银"纹饰。

因为这种工艺制作复杂，材质昂贵，所以当时也只有贵族才能使用。而东汉以后，盛极一时的"错金错银"工艺逐渐被当时的战乱淹没了。

传统金银技艺始终没有脱离青铜工艺的传统技术，直到汉代以后，我国金银器才开始走向它独立发展的道路。

五彩斑斓的唐代金银器

618年，唐朝建立，我国进入到空前繁盛的时代，这是一个兼容并蓄而又充满了自信的时代，也是我国古代金银器技艺璀璨多姿的新时

代。唐代金银器的制作中心在都城长安，这里设有官办的"金银作坊院"，是专门为宫廷打造金银器的手工业作坊。到唐宣宗大中年间，又成立了专给皇室打造金银器物的"文思院"，可能是因为"金银作坊院"的产品已难以满足皇室的需求。

唐代金银细工的工艺技巧，已颇为复杂精细，

使用了钣金、浇铸、焊接、切削、抛光、铆镀、锤打、刻凿等技术。为取得最佳效果，多数产品在制作过程中都综合运用几项不同的工艺技术。

唐代在金银器制作工艺方面，既善于总结和继承前人的成就，创造出一种五彩斑斓、璀璨夺目的崭新文化，因此造型精美、结构巧妙、装饰典丽的金银器比比皆是。其中，以陕西省西安南郊何家村窖藏最为抢眼，共有金银器270件，器物有碗、杯、壶、盒、熏球、钗、龙等。

这些金银器不仅造型优美，而且纹饰生动、活泼，把动物形象、花草以及人物等有机地结合在一起，空间施以鱼子纹，使金银器更加灿烂夺目。

一些造型特殊的作品，如鎏金舞马衔杯仿皮囊银壶等，其形象生动，富丽华美，体现了匠师非常丰富的想象力。

何家村舞马衔杯仿皮囊式银壶，仿游牧民族的皮囊式水壶造型，通高18.5厘米，口径2.2厘米，底径8.9至9.2厘米，重547克。

壶的造型采用的是我国北方游牧民族皮囊的形状，壶身为扁圆形，一端开有竖筒状的小口，上面置有覆莲瓣式的壶盖，壶顶有银链和弓形的壶柄相连，这种形制，既便于外出骑猎携带，又便于日常生活使用，表现了唐代工匠在设计上的独具匠心。

银壶的两侧采用凸纹工艺各塑造出一匹奋首鼓尾、跃然起舞的骏马。壶上的骏马就是唐代有名的舞马形象。

何家村发现的金银器皿，展现了盛唐年间的金银器风采。这一时期的金银器皿仍然受到外来文化的影响。像高足杯、折棱碗和器身凸凹变化的器物很流行，而这些大多是从中亚一带流传过来的器型。纹饰风格也同样明显带有异域文化的色彩。在一只银盘的盘底中央，用浅雕手法装饰了一只纯金的熊，憨态可掬。

唐代金银器不仅种类繁多，而且纹饰极为丰富。其特点是，初唐时期，无论器型还是纹饰，都具有明显的波斯萨珊朝风格，纹饰以凸棱、连珠纹及单点动物纹为常见。

另外，以纤细的缠枝忍冬、四瓣或八瓣花及线条简略的折枝花为主，花与人物相衬时结构松散。如八棱带柄杯、花银高足细柄杯、胡人像银扁壶及凸雕虎纹银壶，即是典型之器。

陕西省西安市南郊唐窖藏歌舞伎八棱金杯，高6.5厘米，口径7厘米，足径4.3厘米。金杯腹以棱面为单位，各作一高浮雕男子，或歌舞、或捧物，神态自然。人物四周环以金珠，杯把作联珠圈状，指垫两侧各作高浮雕的老人头像，深鼻高目，长髯下垂，具波斯特色。

还有唐舞伎联珠柄八棱金杯，高6厘米，口径6厘米，金质。口沿外侈呈八角形，腹内收，为8棱，联珠环把，上有圆蔽遮。八棱圈足，足沿外撇。内壁素面，外壁口沿下和底沿上各饰一周联珠纹，杯身每棱饰一条联珠纹，将杯身分成8个长方形，每个长方形中有一舞伎，姿态各异。

唐歌舞狩猎纹八瓣银杯高5.1厘米，口径9.1厘米，足径3.8厘米，银杯为波斯流行样式。杯腹部分为8面，每面在鱼子地上分刻仕女游乐和男子狩猎纹，下腹莲瓣内各饰宝相花，圈足外壁刻六般覆莲。杯内在水波纹地中刻一象头，间以游鱼和莲叶，指垫上刻一大头鹿。

中唐时期，随着经济的发展，贵族官僚追求享乐日盛，金银器制品增多，波斯萨珊朝风格的造型已不能满足需要，转为兼收我国传统的铜器、陶器、漆器的器型。花鸟纹盛行，缠枝花、绶带纹丰满流畅，已具有团花的格局。

另外，人们把传统的龙、凤、虎、龟、人物和新出现的宝相花、折枝花、缠枝花、鸾鸟、鹦鹉等纹样巧妙地穿插组合，用忍冬纹作边饰图案，形成活泼清新、鸟语花香的唐代新风格。

这种类型的金银器仍然以陕西省西安南郊何家村窖藏最为典型。如刻花赤金碗，高5.5厘米，口径13.7厘米，足径6.7厘米。

碗壁锤出双层莲瓣，上层莲瓣内阴刻折枝花和鸳鸯、鹦鹉、鹿、狐狸等珍禽异兽，下层刻宝相花，其余部分可飞鸟流云，花卉等，皆以鱼子纹为地。此碗制作精细，纹饰富丽，为稀世珍品。

何家村唐掐丝团花金杯设计精巧，纹饰典雅。该杯高5.9厘米，口径6.8厘米，足径3.5厘米，圆形，侈口，束腰，圈足，有把。

杯内壁为素面，外壁饰大型六角掐丝团花5朵；团花之间空白处饰对称如意云头纹。把为环形，带翘尾，着杯时，食指插入圆形把内，

拇指压住把尾。

何家村唐赤金走龙精美、异常而生动自然，高2至2.8厘米，长4厘米，金龙呈奔走状。用纤细的阴线刻出眉毛、眼睛和颈部的毛发，通体錾刻细密的鳞纹。

陕西省西安韩森寨纬十街也发现有唐蔓草花鸟纹八棱银杯，高5.3厘米，口径5.4至6.9厘米，足径3.1厘米，镀金。八曲侈口，腹和足均作八棱形，腰略束。

腹壁棱间饰以缠枝蔓草和花鸟相间的图案各4组，圈足面饰缠枝蔓草纹，环柄上有半圆形护手，护手上饰一展翅飞翔的鸿雁，下以萱草相称。地纹皆饰鱼子纹，刻工精细，富有生机，颇具匠心。

还有陕西省扶风法门寺唐真身舍利宝塔地宫中发现的鎏金龟形银盒，通高13厘米，长28厘米，宽15厘米，分体焊接成型，纹饰鎏金，整个造型作龟状，引颈昂首，瞪目张口，四足外露，以背壳作盖，内焊椭圆形子口架。

龟首及四足中空，龟首与腹部先套合后焊接，尾与腹亦焊接。背部饰龟背纹，外围鳞纹一周，首与四腿饰斜方格纹，内填篦纹，下颈、胸部饰双弦纹数道，以锥点纹作衬托，腹部满饰花蕊纹。造型手法写实，纹样逼真，给人以真实的艺术魅力。

唐代盛行煎茶法、点茶法，茶饼被奉为上品。平时，茶饼要悬挂高处，保持干燥。因此茶笼应运而生，最初使用竹篾编成的笼子，

在陆羽《茶经》中称之为"莒"，也由底和盖组成。

如陕西扶风法门寺发现的唐鎏金镂空鸿雁球路纹银茶笼，高18.5厘米，口径15厘米，重654克，笼盖圆隆，直口，直腹，平底，有4足。笼盖和笼身做成子母口，笼盖顶上有个圆环扣，原本通过一个个相连的一串圆环，将笼盖与笼身连在一起，现在仍能看到盖顶有两个残存的圆环，笼身两侧各有一个焊接的圆钮，连着一个圆环以连接环串与棱形的提梁。

整个笼盖、笼身、笼底通体镂空球路纹网格花纹，内外层都鎏了银，使笼子非常通透明艳。同时，球路纹盖而上錾饰15只浮雕状飞鸿，球路纹笼体外壁也錾饰24只飞鸿，均作两两相对，并列飞翔。

对沿边、四足与鸿雁都鎏了金，在银链与提梁相连的口沿上缘还饰有一周莲瓣纹，下缘饰一周上下铸对的半体海棠纹与鱼子地纹，四足与笼底边沿铆接，由3个花瓣呈倒品字组成。装饰繁缛，技艺精湛。

这只法门寺银笼是与茶具放在一起。从其留在器物上的文字，知是唐僖宗在登基前所供奉的皇家之物，故笼子不是一般的竹编，而是用银来制作。因此，法门寺的银胎笼客观反映了持有者的身份地位的差异。

法门寺最早建于5世纪的北魏时代，东面是著名的古都西安。西安在唐代成为世界最大和最富庶的城市，而法门寺也在唐代成为规模宏大的皇家寺院，史书中曾记载法门寺塔下有地宫，地宫中埋藏的释迦牟尼的一节指骨舍利和无数珍宝。

法门寺地宫中珍藏着金光闪闪的宝函。宝函一层套着一层，最外面套的是檀香木，但已经已经朽烂，接下来是金、银、玉、珍珠镶嵌的各种宝函，一共套了8层。这八重宝函的精致足以让人们欣喜，其中有6件是金银制品。

第一重为宝珠顶单檐四门纯金塔。金塔高105毫米，塔顶为金质莲花朵捧托金珠顶，四面檐角翘起，阁额及檐下均饰菱纹。塔身四壁刻满纹饰，并且有4扇小金门，门的周围布满鱼子纹，门下部有象征性飞梯至塔座，小巧玲珑，金碧辉煌，盘为细颈鼓腰状，喇叭口径处雕12朵如意云头，鼓腰上二平行线连为4组三钻纹杆状十字团花，衬以珍珠纹腰底为莲瓣形，银柱托底也呈八瓣莲花状。间以三钻纹，柱底还有一墨书小字"南"，塔座为纯金方台，中立一小银柱，用以套置佛指舍利，仅11毫米高。

第一重塔状金宝函小巧玲珑，金碧辉煌。这个纯金塔的盖子揭开以后，在塔座的银柱上赫然套着一个白色的管子。这就是佛指舍利的影骨，是仿造真身舍利的一件玉器。而真正的佛指舍利被秘密地放在地宫的一个密龛里。锈迹斑斑的铁函里套着一重宝函，这是一个鎏金的银宝函。宝函造型方厚，四壁和顶上雕刻着45尊形态各异的菩萨像。这些神异的

菩萨像，按照某种秩序排列。

在梵语中，这种奇妙的形式叫作曼荼罗。简单地说，曼荼罗就是凝结佛教精华的坛场，用佛教的话说，就是汇聚精华，辐射光芒。显然，这样的宝函装饰是有着深刻含义的。

在银函里面，有一重檀香木函和一个水晶棺椁，最里面是洁白的小玉棺，一枚佛指静静地躺在玉棺里面。这枚骨质的舍利就是佛祖释迦牟尼的真身指骨。

为了供奉这尊世间仅有的佛指舍利，唐代皇家专门制造了一批金银法器。如有一根长196厘米、重2.39千克的双环12轮鎏金银锡杖，杖身中饰柿蒂状忍冬花结座，上托流云仰莲，5钻杵及智慧珠。锡杖尊体由复莲八瓣组成，锡杖下端有三栏团花纹饰，栏之间以珠纹为界，极为精细。杖身中空，通体衬以缠枝蔓草，上面錾刻圆觉12僧，手持法铃立于莲花台之上，个个憨态可掬，神情动人，锡杖下端缀饰蔓草、云气和团花。

杖首用银丝盘曲成双桃形两轮，轮顶有仰莲流云束腰座，上托智慧珠一枚。其中4个大环象征四谛：苦、集、灭、道；12小环则代表12部经。杖头为双轮4股12环，4股以银条盘曲而成，每股套装雕花金环3枚，股侧铭刻：

文思院准咸通十四年三月二十三日敕令造迎真身银金花

十二环锡杖一枚，并金共重六十两，内金重二两，五十八两银，打造匠臣安淑郧，判官赐紫金鱼袋臣王全护，副使小供奉官臣虞诣，使左监门卫将军弘悫。

这枚锡杖是佛教世界的权威，属佛祖释迦牟尼，是世界锡杖之王。《锡杖经》记载佛告诸比丘："持此杖即持佛身，万行尽在其中"。为佛门法器中的至宝，堪称世界"锡杖之王"。

还有一尊通体挂满珍珠璎珞的鎏金菩萨，是唐懿宗在39岁生日时，为供养佛指舍利而敬造的。她手捧象征纯洁的荷叶，荷叶上托着刻有祈愿文字的银匾。在铭文中她被称为捧真身菩萨。

菩萨主体是银质的，采用了錾刻、钣金、鎏金、铆接等多种工艺方法，是唐代同类金银器中最宏大的一个。皇室甚至还为这位菩萨专门准备了衣服。

第二重为金筐宝钿珍珠装武夫石宝函，以珍珠装武夫石磨制而成，周身以雕花金带为边，镶嵌珠宝花鸟，通体以珍珠、宝石嵌饰，并雕上花瓣图案，极其华丽精美。

第三重为金筐宝钿珍珠装纯金宝函，由纯金雕铸，函身镶满红宝钿、绿宝钿、翡翠、玛瑙、绿松石等各色宝石，并镶嵌宝石花朵，函盖顶面和侧面红、绿二色宝石镶嵌成大大小小的莲花，

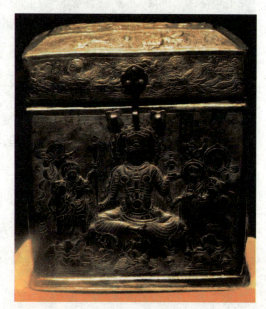

通体以珍珠、宝石嵌饰，并雕上花瓣图案，极其华丽。

第四重为六臂观音纯金盝顶宝函，宝函重1512克。函盖雕有双凤及莲蓬，盖侧有瑞鸟4只绕着中心追逐，正面为六臂如意轮观音图，左侧为药师如来图，右侧为阿弥陀佛图，背面为大日如来图，外壁凿有如来及观音画像，或饰以双凤翔，配以蔓草纹，或刻上金刚沙弥合什礼佛的图景，造型逼真而细腻。

第五重为鎏金如来说法盝顶银宝函，钣金成形，纹饰鎏金。函件正面有如来，四周有两菩萨、四弟子、二金刚力士、二供奉童子，外壁凿有如来及观音画像，或饰以双凤翔，配以蔓草纹，或刻上金刚沙弥合什礼佛的图景，造型逼真而细腻，场景丰富生动，人物众多，工艺精湛。

第六重为素面盝顶银宝函，通体光素无纹，素净，不加丝毫雕刻绘描而浑然生辉，有绛黄色绫带封系。盖与函体在背后以铰链相接，是8个宝函中最特别的一个。

第七重为鎏金四天王盝顶银宝函，函体以平雕刀法刻画"护世四大天王"像，正面有一金锁扣和金匙，"盝顶"是我国传统建筑形式之一，呈四面坡，中为4条平脊相围的平顶。以银铸成，四壁以平雕刀法刻有"护世四大天王"像，顶面有行龙两条，为流云所围。

宝函上四天王形象栩栩如生，

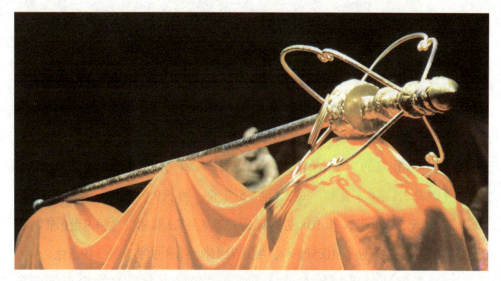

持弓执箭，各有神将、夜叉多人侍立，极其威严，使人肃然而敬。凝
目而视，仿佛诱人追随函壁的画像驰骋三界，遨游九重天。

　　第八重为银棱盝顶檀香木宝函，函内是一个略小的鎏金盝顶四天
王宝函，用一条约50毫米宽的绛黄色的绸带十字交叉紧紧捆扎。顶面
錾两条行龙，首尾相对，四周衬以流云纹；每侧斜面均錾双龙戏珠，
底饰卷草；四侧立沿各錾两只迦陵频伽鸟，身侧饰以海石榴花和蔓
草。函的四侧面分别刻着四大天王图像。正面是北方大圣毗沙门天
王，左面是东方提头赖咤天王，右面是西方毗卢勒叉天王，后边是南
方毗娄博叉天王。最外层是一个长、宽、高各30厘米的银棱盝顶黑漆
宝函。所谓盝顶，就是函盖上棱成斜面的函。它是用极珍贵的檀香木
制成，用雕花银条棱边。

　　八重宝函的价值不仅在平雕刀法、宝钿珍珠装及盝顶这些古代工
艺，还在于刻凿在四周壁面上的文殊、如来造型，正是佛教密宗内蕴
的深刻表现，是密宗文化艺术史的一幅剪影。

　　奇特的是，法门寺的大部分丝织品都已经炭化，只有这5件蹙金绣

被完整地保留了下来。这些金线其实是用黄金拉成的，平均直径只有0.1毫米，最细的地方仅有0.06毫米，比头发丝还要细。正是这些镶嵌在织物中的金线阻挡了时光的侵蚀，在1000多年后还能一睹唐代丝绸的真容。这件微型蹙金绣衣有着短短的袖子，下摆的长度刚刚到达胸部，这是典型的我国唐代侍女短袖上衣。

与佛教相关的，还有甘肃省靖川县大云寺舍利石函中的金棺银椁，金棺高3.1至4.6厘米，宽2.3至3.5厘米，盖长7.5厘米，棺座长7.1厘米，宽4.6至5.4厘米，重108克；银椁高5.4至7.1厘米，宽4.9至6厘米，盖长10.7厘米，椁座长10.5厘米，宽6.7厘米至8.4厘米，重349.5克。

金棺、银椁的形制基本相同，满饰花纹，并粘贴释迦牟尼十大弟子像和珍珠、宝石、水晶等，整个棺具玲珑别致，工艺绝伦。

拓展阅读

从唐代开始，我国古代金银器的制作技艺进入到一个崭新的时期，唐代金银器经历了一个由简单转向复杂的过程，从唐初的波斯萨珊朝风格转向我国传统风格。

前代盛行的错金银和鎏金技术虽然还在使用，但不再是主体，真正意义上的金银器皿成为时代的主角。更加璀璨的金银器还将出现在人们的视野中。

虽然法门寺地宫的金银器中有相当多的宗教用品，但实际上到了晚唐时期，金银器已经深入社会，遍及日常生活的各个层面，有食器、饮器、容器、药具、日用杂器和装饰品。

宋元明清金银器

　　宋元金银器以器型设计构思巧妙、富有灵活性与创造性的多种加工技法为特征，以其小巧玲珑的形制显示出造型工艺技巧的高超。同一种金银器皿的造型还往往具有多种不同的形制。

　　明清两代金银器越来越趋于华丽、浓艳，宫廷气息愈来愈浓厚。器型的雍容华贵，宝石镶嵌的色彩斑斓，特别是那满目皆是的龙凤图案，象征着不可企及的高贵与权势，这一切都和明清两代整个宫廷装饰艺术的总体风格和谐一致。

清新素雅的宋代金银器

两宋时期，金银器的制造业更为商品化。皇亲贵戚、王公大臣、富商巨贾，都享有着大量的金银器，上层庶民和酒肆的饰品及饮食器皿也都使用金银器。

随着金银器的社会化，宋代金银器无论在造型上或纹饰上一反唐

代的富丽之风，而变得素雅和富有生活气息。

时代风气的变化对金银器的制作产生了深远影响。宋代金银器的造型极富变化，盏、杯、碟、盘、瓶、盒等常用器物都各有不同的样式；不少器皿直接模仿自然界中花、果、草、木的形态，清新素雅、匠心独运。

宋代金银器以器型设计构思巧妙、富有灵活性与创造性的多种加工技法为特征。

如江苏省南京幕府山宋墓发现的鸡心形、蝌蚪形金饰，龙凤、团龙、如意金簪和金丝栉背，都以其小巧玲珑的形制显示出造型工艺技巧的高超。

这时，同一种金银器皿的造型还往往具有多种不同的形制，如杯、盏就有五曲梅花形、六曲秋葵形、八曲方口四瓣花形、十二曲六角栀子花形、八角形及荷叶形、蕉叶形、重瓣菊花形、桃形、柿形、瓜棱形与柳斗形等。如江苏省溧阳平桥发现的宋代鎏金覆瓣莲花式银盏，即分作单瓣、重瓣和复瓣型3种。该盏通高5.3厘米，口径9厘米，重6.5克，鎏金。

直口平唇，弧圆腹，喇叭形圈足。口沿外錾刻一周花蕊纹，盏体锤揲出外突的覆莲瓣，圈足錾刻重瓣覆莲及联珠纹。盏内底心锤出隐起莲蓬，含莲子13枚，周刻花蕊纹两周。整盏纹饰犹如一朵怒放的莲

花，具有古朴清雅的风格。

盘除圆形外，还有海棠形、五瓣梅花形、六瓣菱花形、重瓣菊花形及八角形和四角如意云头形。盒也有圆形、八瓣花形、八棱菱花形、十二曲花瓣形与三十二曲花瓣形等多种。

宋代有大量仿古青铜礼器形制的银器，如江苏省溧阳平桥发现的双兽首耳乳钉纹鎏金夹层银盏和江西省乐安窖藏的乳钉纹凸花银杯等，为使其外观具有铜器的浑厚凝重感，而采用了前所未见的夹层合成法制作，表现出灵活多变的加工技巧。

双兽首耳乳钉纹鎏金夹层银盏口径8.7厘米，底径5厘米，通高7.1厘米，重178克。直颈，侈口，圆鼓腹，圈足，双兽首耳，风格浑厚凝重，盏内外壁为夹层，盏内素面，颈外饰两周雷纹，腹部为雷纹地斜方格乳钉纹，兽首耳正面作雷纹地乳钉纹，圈足下部有一道雷纹。

宋代金银器的装饰工艺继承和发扬了唐代的传统。装饰花纹多按

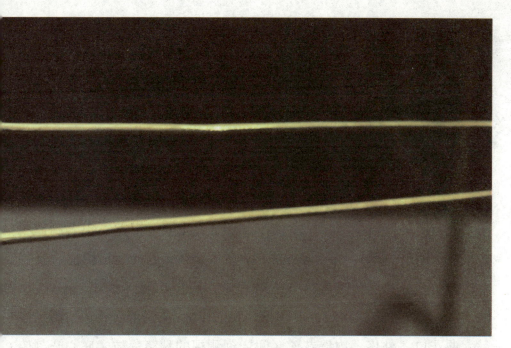

照器物造型构图，并采用新兴的立体装饰、浮雕形凸花工艺和镂雕为主的装饰技法，将器型与纹饰结合成完美和谐的整体，使器物具有鲜明的立体感和真实感。如河北省定州塔基发现的宋代缠龙银瓶和银塔，龙的形象栩栩如生。

江苏省溧阳平桥窖藏的宋代蟠桃鎏金银盏采用立体装饰，于半桃体形的盏口沿上焊接出形态逼真的枝叶，既为装饰又是把手，还在盏内底压印有"寿比蟠桃"4字，将器型、纹饰、实用及寓意融为一体。

五曲梅花鎏金银盏，是1981年在此出土。其口径9.4厘米，底径4.4厘米，高4.8厘米，重61.5克。银盏敞口，呈五曲梅花形，深腹；五曲花口圈足，外侈。盏内壁每一花瓣区间刻有形态各异的折枝梅，底心凸饰梅花一朵；圈足边饰几何纹带；凡文饰处均鎏金。

银盏为酒具。使用贵重的银质酒器，在宋代官府及民间上层社会中十分流行。宴席上摆上一套银餐具，其豪华气派更能增添宴会气

氛。这件五曲梅花鎏金银盏造型别致，文饰精美，造型和装饰图案融为一体，恰似一朵盛开的梅花。

一同在此出土的还有六曲秋葵花鎏金银盏、八曲菱花鎏金银盏和十二曲六角栀子花鎏金银盏。银盏制作工艺采取了锤击、刻、焊接等方法，表现了宋代工匠的高超技艺。

六曲秋葵花鎏金银盏，口径9.8厘米，底径4.2厘米，高5厘米，重62.5克。银盏敞口，深腹，设圈足，腹壁作6片花瓣依次叠边，圈足亦呈六曲花口，外侈。内壁花瓣区间皆刻测视的秋葵一枝，底心凸刻俯视的秋葵花一朵。圈足边饰几何形纹。文饰处鎏金。

此盏造型、图案皆以秋葵为题材，形神兼备，仪态万方，刀法细腻，堪称宋代银器的代表作品。

八曲菱花鎏金银盏，口径10.2厘米，底径4.5厘米，高4.6厘米，重61.6克。银盏敞口，口作八曲四瓣花形，深腹，圈足亦作八曲方口四瓣形。盏内菱花壁每曲花瓣上皆刻一株菱花，底心凸刻一朵菱花，圈足边刻几何形纹带。文饰出均鎏金。此盏造型，图案皆以菱花为题材，制作精细，构思奇巧。

十二曲六角栀子花鎏金银盏，口径10厘米，底径4.4厘米，高4.8厘米，重60.9克。银盏敞口，口呈十二曲栀子花形，深腹，圈足亦作十二曲六角栀子花形。盏内壁每曲花瓣内各刻一枚栀子花，底心凸刻一朵栀子花，圈足边刻几何形纹带。文饰出均鎏金。

产生于唐代浮雕形凸花工艺在宋元金银器中已普遍用于器物的主体纹饰，并发展出新的浅、中、高3种凸花形式，多与模压、錾刻、焊接、圆雕等工艺相配合。如安徽六安县嵩寮岩发现的宋代银质鎏金童子花卉托杯，江苏省溧阳平桥窖藏的宋代凸花狮子戏球图及瑞果图等鎏金银盘等，就是同时采用3种凸花工艺与其他技法配合而成的代表作品。镂雕工艺多用作金银饰件和某些器盖或熏炉、盒等的花纹装饰。

在宋代金细工艺中常用龙作为装饰的题材，龙是古代人们想象中的神物，是传统的吉祥象征，常常装饰在人们的日用物品上。

在安徽省发现的宋双龙金香囊，长7.8厘米，宽6.5厘米。香囊为鸡心形，佩挂腰间，用于避邪除灾。系用两片金叶捶压合成，中心微鼓，边缘较薄，边缘镌刻连珠纹和草叶纹，两面纹饰一样，均镂刻首尾相对的双龙纹，中空处应是填香料的地方，顶端有一穿孔，用以穿系佩挂。

该香囊在制作工艺上采用捶、刻和压模等工艺制成，既是实用的装饰品，又是精致的工艺品。

江苏省南京幕府山宋墓的鸡心形金饰件，高8.5厘米，宽5.7厘米，以透雕和凸花工艺相结合的装饰技法，刻画出一对金凤翱翔在花丛之中的生动形象。

四川省彭州市西大街窖藏是最大规模的宋代金银器窖藏，共发现各式器物350件，集中展现了宋代金银器的整体风貌。

江苏省南京长干寺遗址地宫发现宋代金

器、银器、鎏金器20余件，以阿育王塔为其代表，反映了宋代银作工艺的最高水平，器物外覆鎏金银板，银板采用捶揲工艺等制作佛像和题记。如长干寺舍利银椁，盖长11.5厘米，底头宽4.3厘米，尾宽3厘米，头高4.9厘米，尾高3.9厘米，重223克。

银椁和头部錾刻乳钉、栅栏，每门3排12枚，门两边刻草纹，门上刻流云一道，在中间拥托慧日智珠一颗，椁后头刻缠枝花叶，作如意状，椁两旁各刻高髻，双首鸟身迦陵频迦，四翅，一手托花盘，一手作张开状，飞行在缠枝花叶之中。

椁盖顶刻飞天两个，高髻，裸上身，下着长裙，首戴璎珞，左手张开高举，右手持花盘，作翻身回顾之状，后者双手持果盘，作行进之状，绶带飘逸，前端有如意宝珠，四周刻流云和圈点纹。

长干寺舍利金棺盖长6.4厘米，底长5.1厘米，头宽1.9厘米，尾宽1.6厘米，头高2.8厘米，尾高2.1厘米，重96克。

金棺除棺底外，遍体浅刻精细花纹，都以珠纹作地，棺头下刻乳钉各3排9枚，中部刻窗棂，顶部刻卷云如意纹，棺后刻如意状花叶5朵，顶托慧目。

两侧各刻飞天2人，前者两臂伸张，后者双手捧果盘，四周布满卷云如意纹图案，棺盖刻3只仙鹤翱翔于如意云纹之中，刻纹雕镂精细，活泼流畅，在唐代金银器中实属罕见。

长干寺舍利小金棺盖长2.9厘米，底长2厘米，底宽0.7厘米，头高1.1厘米，重5克。遍体素面无纹饰，藏于长干寺舍利金棺内，棺内盛有阿育王舍利11粒，外裹墨书签字纸条。

另外，河南省邓州福胜寺塔中也有珍贵的宋代金棺银椁发现。福胜寺梵塔建于北宋时期，其中有金棺一件，金板制成。

置于银椁内前部，头西尾东。作前高后低的长方形，长19厘米，前宽11厘米，后宽9厘米，前高13厘米，后高7厘米，重620克。

金棺底板四周向外呈斜面，其上錾有麻点纹组成的壶门10个，两侧6个，前后4个，前后左右对称。

金棺前挡上方高出两侧棺板有一三面形结构，正面上部压印出四阿式屋顶，脊兽、瓦当俱全，从正脊两端的吻兽处用金丝连接在前挡上方。

檐下前挡上錾一方框，框内錾刻护法神像两尊。左像面目狰狞，尖下颏，短须，头后有火焰纹头光一周，身着长袍，腰束带，赤足站立，左手握剑，右手抚须。

右像面部丰满，怒目平视，短须，头戴冠，冠带向外飘曳，头后亦有火焰纹头光，身着宽袖长袍，赤足站立，左手抚须，右手握剑。

后挡与前挡相同，上边高出两侧棺板，表面錾刻铭文6行："维摩院僧赵过，观音院僧惠应，龙山院僧仪朋、张谷，打造人赵素。"

右侧棺板前高后低，板面錾刻文殊菩萨坐于狮背的莲台上。狮子张口昂首，挺胸前进，背负的莲台下铺有花荐。狮前有光头狮童回首牵引。狮后随3人，第一人为长须老翁，戴平顶高帽，身着长衣；后两人为高臀少女，身穿曳地长裙，双手举幡旗。

狮子头前的上方还刻有花束一枝，狮子的前后用麻点纹组成的卷草纹5组填补空白。棺板前端的边沿处有麻点纹组成的卷草纹边框。后端边沿处刻"未年三月造"5字题铭。

左侧棺板与右侧相同。表面錾刻方框，框内刻涅槃图。下部刻一虎足床，床上方设帐。释迦牟尼侧卧于帐内床上，面部丰满，身着掩足长衣，头枕左上肢。床周围有佛徒6人，作仰面痛哭状。

棺板前方刻有麻点纹组成的卷草纹。棺盖为八棱形，盖顶刻凤鸟一对，头向内，喙向前，高冠，各衔牡丹花一枝，颈部弯曲，作展翅飞翔状。线条流畅，形态生动。双凤的周围以麻点纹组成11组卷草纹填补空白。

棺盖的前端为欢门式的装饰，周边勾出轮廓，内錾麻点纹，上沿翻卷，扣在棺盖的前方，并用金丝穿结。棺盖的后尾将金板的六棱剪开，向下收缩曲卷。金棺两侧棺板、前挡、后挡及棺底的周边均錾凿圆孔，再用金丝穿结为一体，然后扣合棺盖。

金棺内前部放置"佛骨"一件；后部放置一件圆形银盒，盒内有"佛牙"一枚。而另一件银椁置石函内，头西尾东，外用带花的丝绸方巾包裹，方巾在椁顶打结，坐于长方形须弥座状的铜椁床上围栏内，长方形，前宽后窄，前高后低。长40厘米，宽20厘米，前端残高34厘米，后端残高24.6厘米，椁板厚0.2厘米。

银椁前挡和后挡边缘包在两侧椁板上，以圆形铆钉铆合。前挡上部为五边形，高出两侧椁板，并向外倾斜，与椁床上门楼相接。下方线刻门框、门楣和门砧，并刻出两扇门扉，上有圆形门钉7排，每排8个。门框的上方压印凸出的双凤纹，双凤间饰变形卷草纹花结，底面用乳钉纹补空。后挡的上部与前挡相同，但稍低于前挡。表面线刻仿木结构的四阿顶式建筑，脊兽、瓦垄俱全。檐下有仿斗拱结构的饰件。其下刻出门框和两扇门扉，门扉上有圆形门钉7排，每排6个。

银椁两侧椁板前高后低，表面压印凸起的僧院名称和施主姓名。左侧椁板有龙兴寺僧惠谈、惠宣、永宁等12人和开元寺僧守文、可惠、德崇等13人的法号；右侧椁板有"施主助教元吉"等28人的姓名和女弟子皇甫氏、李氏、黄氏、杨氏等。

椁盖为七面形，压印古钱形纹饰。前端有欢门

式装饰，外边翻卷扣合在榫板前端，用圆形铆钉穿铆，两侧透雕对称的双凤戏牡丹纹。银榫内前部放置金棺，后部放置玻璃舍利瓶。

宋元金银器的花纹装饰题材广泛，可大致分为花卉瓜果、鸟兽鱼虫、人物故事、亭台楼阁及錾刻诗词5类。

花卉瓜果类纹饰多象征幸福美好、繁荣昌盛，有牡丹、莲花、梅花、石榴、山茶、菊花、桂花、葵花、仙桃、佛手、香橼、灵芝、芙蓉、莲子、秋葵、荔枝、海棠、绣球等多种。

鸟兽鱼虫类用于隐喻健康、长寿和富有，如狮子、仙鹤、龟、鱼、蝴蝶、蝙蝠之类。

亭台楼阁类常与其他纹饰配合，用作人物故事或以錾刻诗词为题材的画面装饰，如江苏金坛窖藏的元代凸花人物故事银盘，即用人物、亭阁构图表现出唐明皇游月宫的故事情节。

而福建邵武县发现的宋代鎏金八角夹层银杯，杯心錾刻《踏莎行》词一首，杯身外壁八面分别用凸花人物、亭阁、花卉组成连环画面，表现词中描绘的新科状元骑马游街，志得意满的形象，整个器物的花纹图案装饰充满诗情画意。

宋代金银器的款识除少数刻有年款或标记器物自身重量及寓意的杂款外，为数众多的是打印金银匠户商号名记的款识，如"周家造"、

"孝泉周家打造"、"张四郎"、"李四郎"、"闻宣造"、"丁吉父记"等。如江苏省溧阳县平桥乡发现的乳丁纹鎏金夹层银盏，口径8至9.6厘米，底径3.7至5.7厘米，高4.6厘米，重94克。直口，斜弧腹，圈足，整体平面呈四曲海棠形。

内、外壁为夹层，在口沿处由内壁向外翻卷与外壁压合。口沿内饰一周卷草纹带，底部錾刻狮子滚绣球图案，细致精美，外腹4曲间均为细云纹地，中凸5颗乳钉，底部为一周覆莲纹，圈足饰一周4瓣花组成的两方连续图案。外底心錾刻"李四郎"款式。

这些带有广告性质的款识表明了宋代金银器制作的商品化，这正是创造出各式新颖别致、奇巧俊美金银器制品的一个重要基础。

与两宋同时存在的辽、金、大理等国，也发现有精美的金银器皿。辽代金银器多为契丹贵族使用的冠带佩饰、马具、饮食器皿、首饰、符牌及葬具之类。大都为辽代宫廷与地方的官手工业制品。

以内蒙古自治区奈曼旗辽开泰七年，也就是1018年，陈国公主驸马合葬墓者为最精致丰富，有金面具、鎏金银冠、银丝网络、金蹀躞带、金花银靴等组成的殡葬服饰及錾花金戒指、缠枝花纹金镯、镂雕金荷包、金花银枕、錾花金针筒、金饰球、金花银钵、金花银盒、银长盘、银唾盂、银盏托、银壶、银罐、银粉盒、玉柄银刀、玉柄银锥、鎏金银勺与马具等。

此外，内蒙古自治区赤峰

市洞后村窖藏中发现辽鎏金银鸡冠壶，高26厘米，底长22厘米，宽16厘米。壶把为鸡冠形状，壶盖与壶身以银链相连，盖面錾刻对称的四瓣花纹，外沿錾刻8个四瓣花朵。

壶颈较高，四周錾有牡丹纹。壶身鼓起，两面錾刻精巧，均在菱形图案中錾刻一只花鹿，鹿前后各錾刻山石、灵芝、海水，犹如仙境。

壶身前面呈三角形，3条边做成仿皮绳纹装饰。而在内蒙古自治区赤峰市大营子辽驸马墓发现的鱼鳞纹银壶，通高10.2厘米，口径7.6厘米，底径6.7厘米，链长41厘米，银壶表面锤有密集的鱼鳞状纹饰，细腻逼真。壶的造型为契丹民族所特有。同时墓中还有鎏金银鞍饰，长38厘米，宽20厘米。

内蒙古自治区巴林右旗辽窖藏八棱斩花银执壶，通高25厘米，腹径15厘米，每个棱面的开光内，錾刻折枝花和变形缠枝花等。

面具也称覆面，俗称盖脸，是契丹贵族的葬具，意在保护死者的面容，在死者脸上罩金属覆面是契丹族颇为独特的一种葬俗。据史籍记载，契丹贵族有"用金银做面具，铜丝络其手足"的葬俗。

覆面有金、银之分，用以区分死者的身份、年龄和性别。此器保存完整，面部轮廓清晰，头发后梳，眉骨突出，双目闭合，双唇紧闭，神态安详。耳下及鬓两侧有孔，可系结。在北京市房山发现有辽鎏金银覆面，通高31厘米，最宽22.2厘米。与此相类似的覆面在内蒙古、辽宁的辽代墓葬中均有发现。

五代至南宋，洱海为中心的云南为大理国所辖。大理国是白族先民的白族贵族段思平所建立的地方政权，辖有8府4郡37部，范围包括云南和四川省西南部等地区。

在崇圣寺三塔主塔千寻塔的塔顶四角，原来铸有4只巨大的金翅鸟。"金翅鸟"又名"大鹏金翅鸟"，亦名妙翅鸟，梵名"迦楼罗"，原是古印度传说中的大鸟，因这种鸟翅翙金色而得此名，为佛教护法神中的"天龙八部"之一，传说能日食龙3000，能镇水患。据李元阳《云南通志》记载，世传龙性敬塔而畏鹏，故以金翅鸟装饰塔顶四角，其作用是镇压洱海的龙妖水怪。

大理地处高原，平坝易发水灾，当地人认为是龙在作怪，于是佛教中的金翅鸟被请出，尊为大理国的保护神，可慑服诸龙，消除水患，用以祈求农业丰收，国泰民安。

在主塔塔顶一木制经幢内，发现了一件制作精美的大理银鎏金嵌珠"金翅鸟"立像，通高18.5厘米，重125克，金翅鸟头部形似鹰首，喙爪锋利，瞪目怒视，头顶饰有羽冠，颈部及尾部屈起，展翅欲飞，双足栖息于一莲座上，尾羽作火焰状，上嵌5粒水晶珠，颈下和鸟身相接处原镶有3粒水晶珠，已脱落。

此金翅鸟形象凶猛，造型雄健有力，其制作分别采用铸造、錾刻、焊接、鎏金、镶嵌等多种工艺。

首先是铸出头、翼、身、尾、足等各个部件，经细部錾刻出羽毛纹饰和尾羽上做成对称的镂空装饰，再焊接成形，并通体鎏金，然后在尾羽、颈下及双翅两侧镶嵌水晶珠，制作颇为繁杂精致。

此外，崇圣寺塔主塔塔顶还发现有大理时五色塔模型舍利盒，通高19厘米，底径12.3厘米，塔模通高17厘米。

金代金银器较少，陕西省临潼金代窖藏有金步摇、金耳饰、金片饰、银钗、银项圈、银镯，反映了金与汉族在文化上的融合。

另外，在黑龙江省绥滨中兴金墓也发现有金耳坠、银钗、银钏、银簪、银耳坠、金指环、金花饰、银鞍饰、银碗等金银器。

在绥滨奥里米金墓中发现金耳坠、银钏、银钗、银片和带有忍冬图案的金饰件。这些金银器的式样，有的与中原地区相同，有的则具有地方特色。在黑龙江省阿城发现的银镯上也打印有"上京翟家"的戳记，据考证，这可能是一家由汉族人经营或有汉人参加的设在金代上京的手工业金银店铺。

拓展阅读

宋代金银器的工艺继承了唐代的传统并加以改进。锤揲技法获得了更为巧妙的利用，出现了许多具有高浮雕效果的器物；夹层工艺在宋代广为应用，解决了胎体轻薄与形态优美之间的矛盾。

宋代金银器中并非没有繁复华丽的器物，但总体呈现出简约平易的特征，许多器物素面无纹，金银成色也略逊一筹。唐代雍容华贵的艺术风格逐渐演化为宋代世俗化的面貌；外来文明的特征渐趋淡化，我国传统文化的韵味愈益浓厚。

朴素实用的元代金银器

　　元代沿袭唐宋以来的官府手工业机构，设有金银器盒提举司，专职掌管皇室及贵族用金银器的制作与供给。

　　元代银器的制作中心在浙江和江苏。元陶宗仪《辍耕录》记载：

<blockquote>浙西银工之精于手艺，表表有色者，有嘉兴朱碧山、平江谢君余、谢君和、松江唐俊卿等。</blockquote>

　　这些大师名匠的作品，传世极为罕见，仅见元代最负盛名的朱碧山大师的名器银槎。槎，是木筏的别称。古代神话传说中往来于天上的木筏称为星槎。元明以来，酒杯作成槎

形，深得文人士大夫的欣赏。

该银槎形为破土蟠蜿的老根，桠杈之上瘿结错落，枝杈纵横。一仙风道骨的老者倚槎而坐，右手执卷，专心研读。槎杯是用白银铸成以后再施雕刻的，道人的头、手及云头履等皆铸后焊接而成，浑然一体，毫无痕迹。

正面槎尾上刻有"龙槎"两字，杯口下刻有"贮玉液而自畅，泛银汉以凌虚，杜题"行楷14字，槎下腹部刻有"百杯狂李白，一醉老刘伶，知得酒中趣，方留世上名"楷书20字。尾上刻"朱碧山"款识。这件银槎杯造型独特新颖，意韵恬静超脱，极具文人性情，工艺也达到了炉火纯青的程度，是一件稀世艺术珍品。

元代以苏州地区为中心的金银器制作业十分发达，苏州吴门桥元末张士诚之母曹氏墓发现的一批金银器，反映了元朝金银器制作的高超水平。其中盛放整套银质梳妆用品的银奁和银质镜架，既完整又完美。

此银奁呈葵花状六瓣形，通高24.3厘米，共有上下3层，各层之间以子母口套合，上面有器物盖，下有银托盘。

银奁上层盛放银刷两把，银镜、银剪和银刮片各一件。中层内置银圆盒4件，小银罐一件及大小银碟各一件，应该是化妆盒，分别盛有粉、胭脂、黄绸粉扑；下层有银质梳、篦、脚刀、小剪刀、小盂各一件。奁内用具品种齐全，小巧玲珑，制作精细。

银奁的表面和奁内的小圆盒、银篦、银梳、把以及托盘盘心都饰有四季花卉组成的团花，有牡丹、芍药、海棠、荷花、梅花、灵芝等，这些传统花卉图案象征着富贵、长寿、喜庆、吉祥。

众多的随葬器皿最精美独特的是银镜架。镜架呈折合式，整体由前后两个支架构成。后支架为主体，架身通高32.8厘米，宽17.8厘米，由两根竖杆、3根横杆构成，可分为上、中、下3部分。

中部竖向分为3组：中心一组，上段如木方形，錾饰连续卷草纹；下段为浮雕团龙纹；左右两组，仿佛窗式，装饰各自对称，上下开雕柿蒂形状的框栏，中段镂雕缠枝牡丹。

上部作如意式样的框架，栏内雕镂"凤穿牡丹"，顶端联络有流云纹衬托的葵花。有荣华富贵、丹凤朝阳之意。下部分为支架，底部横档安置活络底板，一饰突起的六瓣葵形边框，中间浮雕鸟雀花草。

前支架为副架，造型与主架下半部完全相同，套入主架以销钉相结合，可开可合。副架上部横杆安置活络面板，一端以双钩斜向连接于主架中部的圆眼，成一斜面以置银镜。

面板饰六瓣葵瓣边栏，内饰浮雕太阳和寓意月亮的月兔。日月象

征君后，比喻圣贤，这日月图像构思在置镜的面板，别有妙处。主副支架栏杆出头部分均作如意头，象征吉祥。

银镜架设计构思新奇，仿木制框架式结构，折合式支架，开合自如。造型豪华端庄，雕镂的装饰玲珑剔透，虚实相宜，体现了设计者的匠心。

这些纹饰，装饰繁缛，工艺极其精湛，全是用锤子工夫，一錾又一錾精心锤敲出来的。镜架上的纹饰犹如浮雕，凹凸得宜，层次分明，錾子如刻刀，錾錾清晰，点点均衡，敲击之后，龙腾四海，凤舞九天。

江苏省金坛洮溪发现有元代银盘，口径16.5厘米，板沿浅腹平底，在底部刻有阿拉伯文的回历纪年铭文，经译为回历"714年1月"，即1314年。这为探讨窖藏的时间提供了一定的依据。

洮溪还发现了一件元梵文盘，其口径14.8厘米，板沿浅腹平底，盘口沿刻一周回纹，盘底上压印梵文，周围一圈为韦驮之降魔杵，梵文经鉴定为六字真言的首字"唵"。

元代金银器在宋代的基础上，其形制、品种都有进一步的发展，并形成了比较明显的时代风格。元代由于历史较短，金银器为数不多。然而从文献材料上看，当时的金银器饰品并不稀见。

从总体上看，元代金银器与宋代金银器相近似，其中银器数量多。金银器品种除日用器皿和饰品外，陈设品增多，如瓶、盒、樽、奁、架等。

元代大多数金银器均刻有铭款，这对研究元代金银器的发展具有重要价值。如洮溪元代窖藏蟠螭银盏，口径6.8厘米，通高3.9厘米。直口圆腹圈足，有一螭虎龙攀缠外壁，头部伸出盏口，螭虎龙的造型生动活泼，栩栩如生。盏内壁刻云螭纹，盏口外沿印有"范婆桥西徐二郎花银"的戳记。

湖南省津市一处元代金银器窖藏，发现有金器6件，银锭两件，其中两件八棱龙凤纹双耳金套杯和花果金簪最为精致。

八棱龙凤纹双耳金套杯共两件。其中一件通高6.3厘米，口径7.8厘米，底径4.3厘米，重95克。金器以黄金制成，敞口呈八棱形，内外两

杯相套。内杯口沿外卷，圆底，高3.2厘米。杯内有墨书痕迹，字迹模糊不清。

外杯平沿，口沿下累刻一圈回纹，上腹八棱形，饰对称双耳，下腹内折，底腹圆，焊接喇叭形圈足。纹饰以模印为主，局部錾刻。

八棱之间凸起框内分别模印花卉、龙凤纹。龙作盘曲状，毛发向上飘拂，口皆张，龙鼻上卷，背錾刻点状纹。凤作飞舞状，嘴如鹰勾，翎毛飘扬，凤翅舒展，凤尾舞动，仿佛在凌空旋转翱翔，栩栩如生。该器物纹饰华丽，造型高贵典雅，应为元代达官显贵使用之物。

另一件通高6.7厘米，口径7.8厘米，底径4厘米，重96.7克。器形、工艺与前件同，纹饰略异。金杯口沿下錾刻一圈棱形纹，两耳饰龙纹，两眼圆睁，鼻硕大，面目狰狞，下面錾刻卷草纹。

凸起框中龙生双翼，作口吐宝珠状；龙头略圆，鼻上卷；龙身錾刻脊线。凤颈翎毛向上飞舞，勾如鹰嘴，给人以凶猛之感，似乎在表现蒙古人粗犷骠悍的游牧性格。

花果金簪通长15.8厘米，最宽1.1厘米，重9.7克，柳叶形，顶端叉开，两端向下卷成小圆圈，两组花果并联焊接于簪上，花果皆为空心，由一根卷曲细金丝穿起。主要纹饰为藤穿花卉、棱形瓜果、石榴等，簪体錾刻细点线卷草纹。

该簪制作精湛，纹饰华丽雅致，为不可多得的元代金器制品。另外还有3件金器为金插花、金凤簪和叉形金簪等。

金插花通高2.5厘米，宽10厘米，重7.8克，呈扇形，外缘饰5行凸起的联珠纹，内缘镂空，两端饰以梅花，加以蔓草、流云纹烘托出中间一吉祥图案，构图巧妙，工艺精细。

金凤簪长9.4厘米，凤首宽3厘米，高1.6厘米，重8.6克，圆锥形，端饰凤首，凤颈翎毛迎风飘忽，簪体錾刻细线纹和卷草纹。

叉形金簪长13厘米，重4克，圆柄，上端叉开，其中一支残，西风上饰几何纹形，顶端嵌7根圆弧状金丝。

银锭两件，长8.7厘米，首宽5.6厘米，腰宽2.7厘米，腰厚1厘米，一件重295克，另一件重288克。束腰式，表面微凸，其中一件表面有"王信"戳记，底及侧面有许多气孔。

根据器形和纹饰分析，这批金银器应是元代的遗物，银锭形制及戳有银铺记号的特点，与江苏省吴县吕师孟墓发现的银锭相同。

龙凤是我国历代工艺品中常见的纹样，而元代的龙凤纹有很强的时代特征，往往是装饰成为足踏卷云，颈毛飘拂，作飞舞姿态，显得很有生气。元代的龙凤纹也反映民族特征，威猛的雄姿、叱咤风云的气质，这是蒙古族个性最好的写照。从造型纹饰看，元代金银器讲究造型，素面者较多，纹饰大多比较洗练，或只于局部点缀装饰。

然而，元代某些金银器

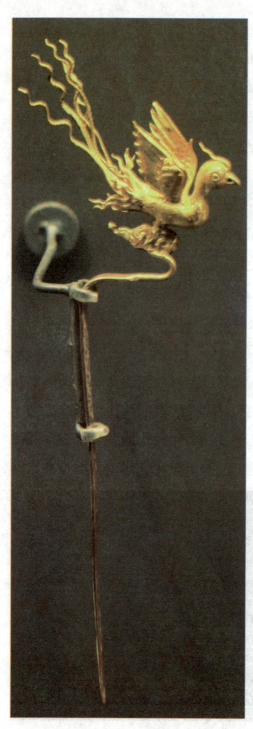

亦表现出一种纹饰华丽繁复的趋向。这种趋向对明以后金银器风格的转变，有着重要的影响。如江苏省吴县吕师孟墓中发现的如意纹金盘，高1.3厘米，宽16厘米，盘以4个如意云纹组成，线条为捶揲而成的突起阳文，两下相互重叠，盘心又捶出4个小如意云纹，形似花朵，其余部位满饰錾刻缠枝花卉纹。盘底刻有"闻宣造"3字铭文。

该盘造型新巧，别具一格，如意云纹既是纹样，又是构成器形的一个组成部分，使装饰与造型完美地结合在一起。如意云头尖角向外，呈放射状伸展，为盘形奠定了方形的四角。

4个如意云头的8个卷涡纹以虚线相连，形成外缘圆而内缘方的图形，而盘心的小如意云头则以同样的十字交叉形式组成外方内圆的形状，使该盘的方圆组合达到圆融无碍的境界。

两对如意云纹采取相叠的方

式是颇有创意的，由于相叠，产生了平面装饰允许范围内的纵深感、层次感，使金盘在单纯中蕴涵了更丰富的美感；同样由于相叠，使如意云头原本完全相等的两个卷涡形产生了一隐一显、一藏一露、一整一破、一大一小的巧妙变化，同时两者相连又产生一个新的图形，使观赏效果又多一个层次。

金盘口沿的处理使器物更显厚重，使空间层次感得到充分的渲染。该盘的空间处理除上述之外，精细的线刻牡丹纹构成了又一层次，牡丹花头外圈呈圆形，内圈则为方形，又暗合了金盘方圆交互的审美意蕴。

牡丹花头的细微变化也暗含玄机，上面一对如意云头中两朵主要的牡丹花心有特殊的变异，一朵加刻荷花，一朵处理成石榴，这样就更强调了上面一对如意云头的突出感，符合全盘重视空间变化的整体构思。此件金盘无论造型之精巧，纹饰之细腻，工艺之纯熟，在元代金银器中均不愧为代表之作，极为珍贵。

同墓中还发现有缠枝花果方形金饰件，长8.5厘米，宽7.9厘米，为腰带饰件，表面高浮雕缠枝花卉。

内蒙古自治区锡林郭勒的乌兰沟中有一座墓葬，墓中发现了蒙古汗国时期的金器和随葬品。在众多宝物中，最为珍贵的要数一套极为

罕见的包金马鞍饰。

这套黄金马鞍饰，继承了我国北方草原民族的传统工艺，木质鞍体，鞍体外面包镶黄金饰片。马鞍饰全部用金片模压捶揲而成。

图案都是浮雕式，中心是四曲海棠形开光，一只瑞鹿静卧于花草之中，四周装饰花草纹。马鞍饰就是由它上面的纹饰而得名，叫作"卧鹿缠枝牡丹纹金马鞍饰"。黄金马鞍上捶揲出精巧的纹饰，甚至在马鞍上镶嵌宝石，在爱马的同时也显示了马主人的高贵。

相传忽必烈时期，一位嫁到汪古部的公主武功非常高强，经常在广阔的锡林郭勒草原上纵横驰骋，她就是海都王的女儿明月公主。

明月公主经常随父亲海都王南征北战，还主动接受蒙古族传统武士的训练。明月公主从17岁起就只用一件"卧鹿缠枝牡丹纹金马鞍"装配自己的坐骑，而且从未间断过。

明月公主17岁的时候，参加了忽必烈举办的那达慕大会，武功高强的明月公主大获全胜，引起了忽必烈的注意，没想到汗国之内，还有这样的奇女子，忽必烈赐给明月公主九九八十一件赏物，其中就有一副黄金马鞍。

然而忽必烈原先准备的作为奖品的黄金马鞍并不适合身材娇小的明月公主。于是忽必烈命令汗国里最有名的工匠重新打造一具适合公主身材的黄金马鞍。

而看到面前的明月公主宛如充满灵性的神鹿时，忽必烈便特命工匠在金马鞍饰上捶揲一只瑞鹿，既喻吉祥也象征公主的美丽与灵性。

明月公主非常珍爱这件由自己最崇拜的人赐予的黄金马鞍，几乎与它形影不离。忽必烈很欣赏聪明美丽勇敢的明月公主，将她许配给汪古部里最英勇的王子。

然而，明月公主出嫁后的第二年，她的父亲海都王与忽必烈发生争执，就在两军即将开战的时候，明月公主骑着配以黄金马鞍的战马来到两军阵前，请求停止作战。突然，明月公主拔出宝剑在两军阵前自刎。所有的人都震惊了，就停止了战争。

失去了明月公主，忽必烈和海都王都陷入了悲伤，在美丽的锡林郭勒草原上厚葬了公主，并把她生前喜爱的卧鹿缠枝牡丹纹金马鞍饰作为陪葬伴随公主。这件"卧鹿缠枝牡丹纹金马鞍"饰的发现，证实了那位美丽公主的存在，也让人们仿佛看到了那位勇敢善良的明月公主的英姿。

拓展阅读

元朝统治者以游牧民族入主中原，其生活起居、器用服饰不可避免地会带有北方少数民族的特色，喜用金银等贵重金属制作器物就是其中之一。

13世纪时，意大利人马可·波罗曾到过元大都，在他的《游记》中详细描述了忽必烈大宴群臣的场面，对满席陈列的金银器具之奢侈华美尤为惊叹，艳羡之情溢于言表。

生动而古朴的明代金银器

　　明代统治者用金银珠宝制作装饰品和生活用具，数量大得惊人，工艺技巧高超，制作精细入微，集传统花丝、镂雕、錾刻、镶嵌技术之大成。豪华精美品种繁多，如金丝织成金冠、凤冠，嵌玉金花仅定陵就有数百个。

　　江西省南昌的"益庄王金丝冠"、"金丝楼阁编花头饰"，是以金丝编成6.7厘米见方，上面又编出树木、楼阁、仙鹿、白鹤等物，奇巧细致之极。

　　明代的金银器制造工艺高超，造型庄重，装饰华丽，雕镂精细。器物用打胎法制成胎型，主体纹样采用锤成凸纹法，细部采用錾刻法，结合花丝工艺，组成精美图案，有的器物镶嵌珍珠宝石，五光十色。金银上凿刻压印"官作"或"行作"或工匠名及成色。

北京是明朝的都城，尤其皇帝的陵墓就在北京，因此在"明十三陵"的定陵中，发现皇帝、皇后所用的贵重的金银器，代表了皇家气派。其中以金冠、金壶等为代表作。

定陵万历皇帝金冠重826克，由518根直径0.2厘米的金丝编织而成，孔眼匀称，外表光亮，没有任何接头痕迹。冠上镶嵌二龙戏珠，姿态生动，龙身细鳞也是金丝掐成，是花丝镶嵌的经典之作。

金冠形制由前屋、后山和金折角3部分组成，前屋部分是用极细的金丝编成"灯笼空儿"花纹，空当均匀，疏密一致，无接头，无断丝。后山部分是采用累丝錾金工艺而成的二龙戏珠图案，龙的造型雄猛威严，具有强烈的艺术装饰效果。翼善冠用极其纤细的金丝编结，采用传统的掐丝、累丝、码丝、焊接等方法，工艺技巧登峰造极，充分反映了明代金钿工艺的高超水平。

明代金器在工艺上保持着较高水准，并有自身特点，如较多地使用宝石镶嵌手段等。该冠是最能代表明代金器发展水平的金器之一，具备造型大方、纹饰繁缛、用金厚重、装饰堆砌的明代金器独特风格。

凤冠是皇后的礼冠，在受册、谒庙或者朝会时戴用。古代皇后的服装是非常讲究的，常有"凤冠霞帔"的说法，实际上，凤冠霞帔是所有后、妃、命妇用于朝见等礼仪场合的礼服统称，细分起来等级差别相当严格。

在《明会典》和《明史·舆服志》中有详细记载，仅一凤冠上的动、植物形象、种类、数量就有明显的区别，质料、颜色、形状更不能相同，否则下级就有犯上的大罪。

定陵发现的凤冠共4件，三龙二凤冠、九龙九凤冠、十二龙九凤冠和六龙三凤冠各一顶，孝端、孝靖两位皇后各两顶。

冠上饰件均以龙凤为主，龙用金丝堆累工艺焊接，呈镂空状，富有立体感；凤用翠鸟毛粘贴，色彩异常艳丽。

凤冠造型庄重，制作精美，其工艺有花丝、镶嵌、錾雕、点翠、穿系等项。冠上嵌饰龙、凤、珠宝花、翠云、翠叶及博鬓，这些部件都是先单独作成，然后插嵌在冠上的插管内，组合成一顶凤冠。

点翠面积大，4顶凤冠上有翠凤23只，翠云翠叶翠花多达数百片，宝石镶嵌多达400余颗，大小珠花及珠宝串饰的制作也不少。

最后的组装更是一项非常复杂的工序，各饰件的放置，几千颗珍珠的穿系，几百颗宝石的镶嵌，诸多饰物于一冠，安排合理。凤口衔珠宝串饰，金龙、翠凤、珠光宝气交相辉映，富丽堂皇，非一般工匠所能达到。凤冠上金龙升腾奔跃在翠云之上，翠凤展翅飞翔在珠宝花叶之中。

定陵万历孝靖皇后的九龙九凤冠，高27厘米，口径23.7厘米，重2300克，九龙九凤冠有珍珠3500余颗，各色宝石150余块，冠的内胎用漆木丝扎制，通体簇上各色珠宝。前部接近顶端有9条金龙，每条龙的口中衔着"珠滴"，可以在走动的时候，像步摇那样随步摇晃。

下为点翠八凤，另有一凤在最后，当取九鼎之意，象征着九州之最高统治者的夫人。冠后底部左右悬挂着翠扇式翅叶，点翠地，嵌金龙，再加上各色的珠宝花饰，集中显示了明代镶嵌金银细工的发达。

最引人之处是在金碧辉煌之中突出了天然宝石的美质，各色的宝石都没有磨制成统一的形状，而是在大小基本相同的情况下，以金丝围绕，仍保留着宝石原有的不规则形，使装饰繁多的凤冠免除了各图案单位造型雷同的弱点，从而丰富、自然、富丽堂皇，令人充分感到人工和天然的完美结合。

六龙三凤冠，通高35.5厘米，冠底直径约20厘米。龙全系金制，凤系点翠工艺制成。其中，冠顶饰有3龙：正中一龙口衔珠宝滴，面向前；两侧龙向外，作飞腾状，其下有花丝工艺制作的如意云头，龙头则口衔长长珠宝串饰。

三龙之前，中层为3只翠凤。凤形均作展翅飞翔之状，口中所衔珠宝滴稍短。其余3龙则装饰在冠后中层位置，均作飞腾姿态。

冠的下层装饰大小珠花，在珠花的中间镶嵌有红蓝色宝石，周围衬以翠云、翠叶。冠的背后有左右方向的博鬓，左右各为3扇。每扇除各饰一金龙外，也分别饰有翠云、翠叶和珠花，并在周围缀左右相连的珠串。

整个凤冠，共嵌宝石128块，其中红宝石71块、蓝宝石57块，装饰珍珠5449颗，冠总重2905克。由于龙凤珠花及博鬓均左右对称而设，而龙凤又姿态生动，珠宝金翠，色泽艳丽，光彩照人，使得凤冠给人端庄而不板滞，绚丽而又和谐的艺术感受，皇后母仪天下的高贵身份因此得到了最佳的体现，为定陵中凤冠之首。

三龙二凤冠为孝端皇太后凤冠，高26.5厘米，口径23厘米，凤冠共

用红、蓝宝石100余块，大小珍珠5000余颗，色泽鲜艳，富丽堂皇，堪称珍宝之冠。

十二龙九凤冠，冠上饰12龙9凤，正面顶部饰1龙，中层7龙，下部5凤；背面上部1龙，下部3龙；两侧上下各1凤。龙或昂首升腾，或四足直立，或行走，或奔驰，姿态各

异。龙下部是展翅飞翔的翠凤。龙凤均口衔珠宝串饰，龙凤下部饰珠花，每朵中心嵌宝石1块或6、7、9块不等，每块宝石周围绕珠串一圈或两圈。

另外，在龙凤之间饰翠云90片，翠叶74片。冠口金口圈之上饰珠宝带饰一周，边缘镶以金条，中间嵌宝石12块。每块宝石周围饰珍珠6颗，宝石之间又以珠花相间隔。博鬓6扇，每扇饰金龙一条，珠宝花两个，珠花3个，边垂珠串饰。全冠共有宝石121块，珍珠3588颗。凤眼共嵌小红宝石18块。

定陵金壶，通高21.8厘米，足径5.9厘米，托盘直径8.3厘米。此件金壶属皇帝所有，规格极高。此金壶直口，短颈，腹部呈方形突出，其下为圆柱形，平底，腹部安有曲状壶嘴和把手，上有金链与盖钮相连，盖钮为宝珠形，玉质。

金壶盖部及颈部均錾刻不同形式的云纹，肩部镶嵌各色宝石，腹部镶嵌白玉团龙，四角配以海浪、卷云纹样，圆柱部分捶揲二龙戏珠；托盘圆唇，直壁，平底，外壁錾刻折枝牡丹纹一周。金壶满饰纹样，繁缛精致，更镶嵌以玉石珠宝，装饰效果华丽富贵，体现出皇家用器的非凡气派。

北京除了皇帝陵，还有万贵墓、通墓和董四墓中也都有重要发现。万贵《明史》有传，生于1392年，卒于1475年，为宪宗万贵妃之父。万通则为万贵之子。董四是一名姓董行四的太监。

如北京市右安门外万贵墓发现的錾花人物楼阁图八方盘，高0.9厘米，径16.2厘米，边长6.6厘米，盘八方形，先以范铸成型，而后錾刻花纹图案。盘沿为一二方连续几何图案，盘心主题纹饰为一组人物故事图。

图案内容极为丰富，描绘了人物、楼阁、树木、水波、桥梁、马匹、山石等，以人物、楼阁为主体，共刻画人物21位，或骑马、或携琴、或交谈、或对饮。

人物錾刻随意、洒脱、自如，似信笔而为，却又极富神采，笔笔到位。重檐楼阁用笔却极严谨，似界画，一丝不苟，整体画面动中有静，静中寓动，是我国传统绘画以錾刻手法在金器中的再现。

万贵墓海水江崖瑞兽纹金盏托，高1.2厘米，径18.2厘米，盘圆形，唇边以范铸与錾花手法制成，盘沿为二方连续回纹一周，盘心为一双钩篆书"寿"字。

盘心与盘沿间为半浮雕式海水江崖瑞兽纹，水中有若隐若现的马、龙、狮、象、鱼等瑞兽。该盘在制作上突出整体的效果，不拘泥于细部的刻画，呈现出浑厚、粗朴的风格。

万贵墓还发现有錾花金什件，通长52厘米，什件由荷叶形牌饰与下缀7物组成，牌饰上部为相对的两只鸳鸯立于荷叶上，荷叶下有7环，连缀7条金链，每链下各缀一物，分别是：剪、袋、剑、罐、盒、瓶、觽。每件小缀物都极精巧，尤其是罐、瓶、袋、盒通体錾刻精美纹饰，极富装饰性。

万贵墓嵌宝石桃形金杯，高4.4厘米，长6.8厘米，宽5.2厘米，杯体为剖开的半个桃子形，杯柄为桃枝与桃叶，杯中与柄部镶嵌红、蓝宝石。此杯集范铸、焊接、镶嵌等工艺于一体，制作考究，造型构思巧妙，以现实的桃为原形，并加以提炼与升华，红宝石的鲜红、蓝宝石的深蓝与黄金本身的金黄三者合于一体，使本来因缺少纹样装饰而显得单调的器物增添了富丽的效果。

万通墓中最珍贵的是嵌宝石龙纹带盖金执壶，高19.4厘米，口径

4.4厘米，底径5.3厘米，撇口，束颈，鼓腹，圈足，流、柄附于壶身两侧，盖以链与柄相系。

壶盖、壶颈及近底部錾刻蕉叶纹、卷草纹、如意云头纹、莲瓣纹；腹部两侧火焰形开光内刻四爪翼龙两条。盖顶、流、柄上镶嵌红蓝宝石共27颗。

北京市海淀区董四墓发现明宣德云凤纹金瓶，高13厘米，口径4.7厘米，底径8.9厘米，侈口，长颈，鼓腹，平底，通体錾刻纹饰，口沿部为卷草纹，颈部为小云凤纹，腹部为大云凤纹。

整体造型简洁，线条收放自如，纹饰布局丰满，图案刻画细腻。外底有"随驾银作局宣德玖年玖月内造捌成伍色金拾伍两重外焊伍厘"款。

除北京之外，南京是大明王朝的发祥之地，在南京所在的江苏地区，也有非常贵重而精美的明代金银发现。

在苏州五峰山博士坞的明代弘治年间进士张安晚家族墓中，发现了一件金蝉玉叶，位于墓主人的头部，同时还有银笄两件、金银嵌宝玉插花4件，证明这件物品是贵族女子头上的发簪。

一只形神毕肖、金光闪耀的蝉，栖憩在玉叶上。它侧身翘足，双翼略张，嘴巴微开，好似在奏鸣，透明的玉叶托着它。

金蝉蝉翼左右各二：外翼长1.7厘米，宽约0.8厘米，厚仅0.2毫米，表现了蝉翼轻而薄的特点，蝉足简化为3对，一对前足翘起，一对后足微微抬起。整个蝉体形象逼真，栩栩如生。

玉叶则长5.2厘米，宽约3.2厘米，系用新疆和田所产羊脂白玉精工琢磨而成，晶莹润泽、温柔细腻。叶片打磨细薄呈凹弧状，仅厚约0.2厘米，分为8瓣。

有主脉一根，两边各有支脉4根，叶片正面的叶脉琢成弧曲的凹槽，背面的叶脉相应搓成凸棱，使叶片极具真实感，整片叶子的边缘磋磨得圆润光滑。

金蝉玉叶的制作技术十分复杂。金蝉采用了压模铸范、薄叶延展、錾刻、焊接等工艺。玉叶汲取传统的阳线、阴线、平凸等多种琢玉工艺，抛光细腻，薄胎圆润，琢工精致，达到炉火纯青的艺术境界。整个画面构思奇巧，动静结合，妙趣横生，具有极高的鉴赏价值。

牛首山弘觉寺塔的塔底层中央有一圆洞，洞内发现了一座明代鎏金佛塔，塔高35厘米，塔置须弥宝座上，座高16厘米。座正面刻有二力士像，右刻双狮戏球，左刻双鹿斗角，后刻云龙。

塔座下枋刻有题记："金陵牛首山弘觉禅寺永充供养"，背面则是"佛弟子

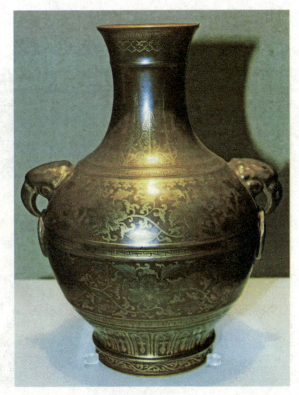

御用监太监李福善奉施。"

鎏金佛塔有4个壶门，内有释迦、韦陀佛像，上施有相轮、十三天、宝盖、宝珠等。

塔内须弥座上布置有一组佛像，须弥座内藏有珍珠、宝石、水晶、玛瑙、玉石、骨灰等物。

整个鎏金塔安放在一个红色砂岩雕成的须弥山形基座上，正面凹下部位放银棺金棺，内有一躯铜铸镀金释迦涅槃像，方形石座的四角各放一个青瓷罐，其中一个青瓷罐内放有一颗老年人牙齿以及骨灰等物。实际上是由鎏金塔和砂石岩塔基及4个瓷罐合成一个"金刚宝座塔"。

朱棣的孙子，朱元璋的重孙明梁庄王朱瞻垍，是仁宗昭皇帝朱高炽10子中的第九子，1424年被册封为梁王，1441年"以疾薨"，享年30岁，"葬封内瑜坪山之原"。

　　梁庄王墓中最珍贵的金银器，莫过于一件金累丝镶玉嵌宝牡丹鸾鸟纹分心。挑心之下、髻前后口沿各簪一支者，名作分心。若再细分，则前者名前分心，后者名后分心。

　　分心的造型通常为十几厘米长的一道弯弧，正面上缘一溜尖拱，中心高，两边依次低下来，适如菩萨冠或仙冠的当心部分。背面或从垂直方向接一柄扁平的簪脚，或作出几个扁管用以贯穿两端系带子的银条。

　　就装饰题材而言，以王母、观音等仙佛作为主题纹样，其流行大约始于明中期，此前则以牡丹凤凰等花鸟题材为多。

　　梁庄王墓的分心只有一件，从同出其他首饰的组合情况来看，以将它认作前分心为宜。它用金累丝做成卷草纹的底衬，正面做出嵌玉的边框和抱爪。边框周围是金累丝的花叶和18个石碗，内嵌红、蓝宝石和绿松石。

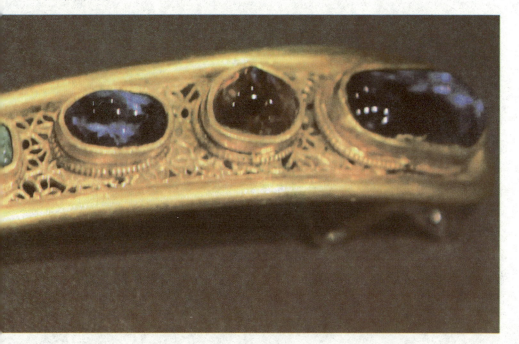

边框里嵌一枚玲珑玉——白玉碾作一幅牡丹鸾鸟图，一枝牡丹花开中间，鸾鸟一双回环左右，一只俯身昂首，一只转颈顾盼。长尾与花枝交相缠绕把空间填满。

分心之背以一根窄金条横贯为撑，中央垂直焊接一柄簪脚。与分心合作一副的还有题材与制作工艺均相一致的一对掩鬓，造型为左右对称的云朵，中心边框内各嵌玲珑玉，不过是把分心的牡丹鸾鸟图一分为二做成适形图案。

拓展阅读

金或鎏金与珠宝和玉的结合，其流行始于明，并且在明代走向成熟。

金与玉的镂空作，明人喜欢称它为"玲珑"。以金累丝的玲珑衬托白玉、青玉的玲珑，金色变得内敛，玉色变得明润。红、蓝宝石营造出沉甸甸的华贵，使它依然有着时尚中的富丽和美艳。

细腻而华丽的清代金银器

明清两代金银器越来越趋于华丽、浓艳，宫廷气息愈来愈浓厚。象征着不可企及的高贵与权势。

然而，明清两代的金银器，其发展轨迹明晰可见，但其分野之界亦是如此鲜明。大体上说，明代金银器仍未脱尽生动古朴，而清代金银器却极为工整华丽。在工艺技巧上，清代金银器那种细腻精工，也是明代所不可及的。

北京是明清两代皇帝居住的地方，也是一座举世闻名的古代艺术殿堂和宝库，其中有一件乾隆时期的稀世珍宝，名为"金嵌珍珠天球仪"。

天球仪，又名浑天仪、天体仪，是古代用于观测天体运行的仪器。我国古人很早就会制造这种仪器，用它可以直观、形

象地了解日、月、星辰的相互位置以及
运动规律。

这件金嵌珍珠天球仪是乾隆皇帝命
令清宫造办处用纯金打造而成，通高82
厘米，工艺精湛，极具奢华。天球仪的
球径约30厘米，由金叶锤打的两个半圆
合为一体，接缝处为赤道，球的两端中
心为南北极。

北极有时辰盘，距赤道23度左右。
赤道与黄道相交，相交点为春分、秋
分。球外正立的圈为子午圈，球体上饰
列星辰，位置分布得十分科学。

据乾隆年间的《仪象考成》记载，天球仪有3垣、28宿、300个星
座，3242颗星。采用赤金点翠法，以大小不同的珍珠为星，镶嵌于球
面之上并刻有星座的名称。比例恰当，位置准确，反映出清代我国高
超的天文科技水平。

天球仪的支架成高脚酒杯状，用9条不同姿态的行龙支撑球体，上
为4条头上尾下的腾龙擎住球体，下为头下尾上的倒海翻江的降龙，形
成支架稳固球体，中间一龙连接上下部分，成游龙抱柱状。

9条行龙采用锤揲法，形成中空的圆雕，龙的表面则以抽丝法形
成龙鳞、龙髯、龙睛的纹饰。行龙吞云吐雾，形态生动，细部錾雕精
细，栩栩如生。

球仪的基座为圆形珐琅盘底座，通体以细丝盘出缠技花纹，嵌以
烧蓝和淡蓝的珐琅釉，以丰富多彩的色调改变了纯金的单调。景泰蓝

座足又以4个龙首为形，采用高浮雕法，极富装饰性。底座盘上是奔腾的海水波浪，托盘中心则是指南针。

支架的9龙与底盘4龙浑然一体，顾盼有神，与底座内奔涌的海水形成群龙共舞，翻江倒海的宏伟气势，科学的严谨和工艺的浪漫和谐集于一体，珠联璧合，是一件绝无仅有的艺术珍品。

乾隆朝是清代鼎盛时期，同时期欧洲的科学技术也进入大发展阶段。乾隆也对这种新奇的西方学科产生了浓厚兴趣，而且他更热衷的是繁复华贵的钟表与灵活奇巧的机械玩具。乾隆皇帝还将科技仪器礼制化，著录在册。

这件天球仪的最大特点，一是上面的星象应该说引进了西方的星等，可以看到上面的珍珠有大有小，上面最大的珍珠象征着天上最亮的1等星，然后依次往下降，最小的是天上的6等星。从这个仪器可以看出中西方文化相互交流的特点。

再有一个最大的特点就是，该器外面看是一个天球仪，但是天球仪的球壳里面实际是钟表的机心，在天球仪顶端南部有3个孔，这3个孔放进钥匙之后经过旋拧，天球仪就可以慢慢地旋转。

这样就不仅可以看到天球仪是一个天文仪器，还能够形象地看到它不断旋转，演示出天球仪星象活动的景观。这也是乾隆时期做天球仪的一个新的发展。

在明代金银器的纹饰中，龙凤形象或图案占有极为重要的位置。这一变化到了清代，更加推向极致。

如清代金镶玉龙戏珠纹项圈，高2厘米，直径18厘米，全器以金为皮，以玉为骨，以金裹玉，形成黄白相间的效果。

玉骨8条，或以金嵌宝相隔，或以龙首相隔。主体纹饰龙的刻画最

为生动，戏珠龙张口拱珠，双目圆睁，角、发向后；边饰层次多，构图多样、繁复。全器运用了范铸、錾花、累丝、掐丝、炸珠、焊接、镶嵌等诸多工艺，复杂而细腻。

清代金银器保留下来的极多，其大部分为传世品。器型和纹饰也变化很大，已全无古朴之意，同时反映了宫廷金银艺术品所特有的一味追求富丽华贵的倾向。

非常有代表性的再如乾隆皇帝御制国宝"金瓯永固杯"，它也是世界上金银器代表作之一，是我国极为罕见的吉祥宝物，富有巨大的历史文化研究价值，极为珍贵。

"金瓯永固杯"寓意大清的疆土、政权永固。"金瓯永固杯"是清代皇帝每年元旦举行开笔仪式时专用的酒杯。

每当元旦凌晨子时，清帝在养心殿明窗，把"金瓯永固杯"放在紫檀长案上，把屠苏酒注入杯内，亲燃蜡烛，提起毛笔，书写祈求江山社稷平安永固的吉语，所以"金瓯永固杯"被清代皇帝视为珍贵的祖传器物。

制作金瓯永固杯，是大清历史上最为重要的一次造宝计划。其制作时间之长，工序之繁、艺技之精，动用人工之广，帝王重视程度之高，在我国造宝历史上，都是空前绝后。

乾隆四年，也就是1739年，大清内务府造办处建立，乾隆皇帝亲自挂帅，在全国3000能工巧匠中精选80名，开始一次有史以来最隆重的大吉宝物制作工程。

直到乾隆五十五年，即1790年，金瓯永固杯制作成功，所有参与"造宝计划"的人封官晋爵，监制者官封六品，工人官封九品，实属罕见。

金瓯永固杯，从制作工艺、造型设计，乾隆皇帝都亲自过问，数次修改。据清《内务府活计档》记载，乾隆皇帝前前后后下圣旨10道，比如："金杯足子做象鼻子足子，镶珠宝，金杯刻'金瓯永固乾隆年制'之款，钦此"，"耳子夔龙上各安大珠子一颗，两面每面安珠子五颗，中间一颗安大些，花头要圆的，再样呈览，准时再做，钦此"。

一个造宝工程，帝王连下10道圣旨，所有人封官晋爵，这在世界造宝历史上，都是绝无仅有的。

据说当年最后一颗珍珠镶嵌完毕，出现日月同天、金木水火土五星连珠的天文现象，这种天象历来被认为是大吉大利。由此，"金瓯永固杯"一直是清代帝王镇朝传家之宝。

"金瓯永固杯"高12.5厘米，口径8厘米，足高5厘米，杯胎用八成金制成，杯的口边刻着回纹，杯前正中镌有篆书"金瓯永固"，后面镌有"乾隆年制"共8个字。

整个杯造型别致，通体錾刻着缠枝花卉，玲珑剔透，上面镶嵌着36颗大小珍珠、红宝石、蓝宝石和粉色碧玺。杯的两边是双立夔耳，夔龙头上各嵌一颗珍珠，底部是三象首为足，外形呈鼎式。

就在"金瓯永固杯"造成的清乾隆五十五年，也就是1790年，为了给弘历皇帝80岁寿辰祝寿，各省总督聚敛黄金，由宫廷匠人精心设计铸造了16只黄金编钟，算是"万寿节"的贡品，用以炫耀盛世豪富。

乾隆所铸的这套金编钟，共用了11439两黄金，打破了我国历代用铜铸造编钟的传统，而这其中最重的是"无射大金钟"，最轻的是"倍应钟"，铭文"康熙五十五年制"。将钟由低向高排列后，击之可以演奏出美妙的音乐。

平时，这一组金钟置于太庙中，遇有朝会、宴享、祭祀大典，才拿出来配合玉磬奏乐。古代编钟、编磬用体量大小区分音律，金编钟则造型划一，用厚薄不同来分出音阶，每枚钟面铸有阳文楷书律名。钟的图饰同一，都以突起的纹划分3段：

上段是云朵；中段较宽，铸有神态飞动的行龙，龙头一律向左；

下段是对角形云纹，平均分布着8个平头乳钉，是打击点。

金编钟造型雍容华贵，显示出宫廷乐器兼礼器的非凡气派。能用黄金铸造并能打击出不同音色，因而成为精美的乐器，为世间罕有。

冠顶，又称顶子，是清代礼帽的顶饰，用以标志官员等级；分为朝冠用和吉服冠用两种。朝冠顶子共有3层：上为尖形宝石，中为球形宝珠，下为金属底座；吉服冠比较简单，分为球形宝珠和金属底座两部分。底座有用金的，也有用铜的，上面常常錾刻花纹。

如北京石景山发现的莲瓣纹金冠顶，高9厘米，底径3.9厘米，通体以金制成，上部镶嵌宝石，中间为球形，下部为莲瓣纹底座，为朝服冠顶。

此件冠顶以范铸为主要的工艺，辅以錾刻、焊接等手法，通体共10层纹饰，以圆珠纹为间隔；纹饰凸起，呈半浮雕效果，主体纹饰简括粗放，辅助纹饰精巧细腻，整体绚丽美艳，雍容华贵。

清代金银器的造型随着器物功能的多样化而更加绚丽多彩，纹饰则以繁密瑰丽为特征。或格调高雅，或富丽堂皇，再加上加工精致的各色宝石的点缀搭配，整个器物更是色彩缤纷，金碧辉煌。

清代金银器的加工特点，可以用精、细二字概括。清代的复合工艺亦很发达。金银器与珐琅、珠玉、宝石等结合，相映成辉，更增添了器物的高贵与华美。

此外，清代还出现了在金银器上点烧透明珐琅，或以金掐丝填烧珐琅，以及金胎画珐琅等新工艺。

这类作品在清宫和广东地区非常流行，造型华美，色调或浓郁，或雅丽，更增添了宫廷器物的富贵气息。

从风格上看，清代金银器既有传统风格的继承，也有其他艺术、

宗教及外来文化的影响。正是在这种继承吸收古今中外多重文化营养因素的基础上，清代金银器工艺获得了空前的发展，从而展现出前所未有的洋洋大观和多姿多彩。

清代传世品中，亦保留了不少各少数民族的金银器。这些金银器反映了当时各少数民族的传统风俗与爱好，具有明显的地方色彩和浓郁的民族风格。

如北京门头沟区西峰寺清墓发现的藏文荷花金圆牌，直径7.7厘米，厚0.7厘米，圆形，边缘宽厚，中心錾刻图案，呈半浮雕效果。

圆牌一面为荷叶与荷花，荷叶满铺，盛开的荷花或正面，或侧面，间以茎秆穿插其间；构图饱满，疏密有致。运用范铸、錾刻等手法，图案造型准确生动，纹路刻画细腻顺畅，既具写实性又富装饰性。圆牌的另一面正中为图案是汉字"寿"字，围绕"寿"字从左侧顺读为藏文六字真言"唵、嘛、呢、叭、咪、吽"，整件器物纹样寓意吉祥与美好。

1697年，清宫正式设立中正殿念经处，专管宫中藏传佛教事务，办造佛像。乾隆时期，由于乾隆对藏传佛教的浓厚兴趣，在皇室内外广建寺院、佛室，大造佛像。

当时清宫佛像制作先由中正殿画佛喇嘛按皇帝旨意画纸样，制蜡样，经皇帝审看同意后，交造办处工匠铸造，乾隆皇帝监督造像的全部过程。从选材制蜡样直至完成，画佛像工匠需多次呈览，奉旨而行。并且，乾隆时期，大量的藏佛精品由西藏进贡宫廷，宫廷造像也回返西藏，内地与西藏造像艺术密切交流，相互影响。

乾隆年间凭借朝廷的雄厚财力，由深通造像技艺的大喇嘛指导和各族工匠的精工细作，使清代宫廷造像工艺水平达到18世纪藏佛艺术的最后高峰。

很有代表性的一尊藏传佛教菩萨像，由纯度很高的黄金制成，通高88厘米，且佛身与莲座皆装饰华丽，嵌珍珠宝石，雍容华贵，尽显皇家气派，应是清王朝全盛时期由宫廷的能工巧匠制作而成。

这尊金菩萨盘发束髻，戴五叶冠，冠后僧带向两侧下垂，两眉之间有白毫，白毫就是眉间的痣。菩萨赤足站立在双层莲花座上，每瓣莲上嵌水晶一颗，莲座中间镶嵌珍珠一周。

菩萨肩披一条银质仁兽，据说这种形似小山羊的动物天性非常善良，常舍己救人，人们捕捉它时，不用带什么围猎工具，只要两个人拿着刀枪到树林中，看到仁兽就在它附近假装格斗，这仁慈的小家伙以为两人真的要打起来了，就会跑上前去劝架，站在两人中间怎么也赶不走，人们趁机将它捕获。

这件藏传佛教佛像是清朝国力鼎盛时期的产物，它表明了藏传佛教在宫廷的影响。

清朝贵族崇尚藏传佛教，宫中多供养密宗法器，比如坛城。坛城即梵语中所称的曼陀罗，佛教密宗认为这是圣贤集会修行的地方。

清朝时期的金银器有成批的发现，多为清廷公主下嫁蒙古王公的陪嫁品，类别单一，但做工精湛。装饰品占大宗，多见头饰和手饰，纹饰有龙、凤、鹿、蝴蝶、梅花、菊花等，因器施画。

有件清金錾花扁壶，高20.3厘米，宽14厘米，厚0.5厘米，口径4厘米。八成金。体为扁圆形，圆口，直颈，扁圆腹，扁方足。颈以回纹为地，上饰3周弦纹，两侧饰夔龙耳。腹部两面纹饰对称，均以宝相花和夔龙为主体纹饰。壶身侧面及足部亦以回纹为饰。工艺技法以錾刻为主，金壶上錾刻图案使其凸显豪华富丽。

拓展阅读

清代的金银器丰富多彩，技艺精湛。其制作工艺包括了范铸、锤打、炸珠、焊接、镂镂、掐丝、镶嵌、点翠等，并综合了起突、隐起、阴线、阳线、镂空等各种手法。

同时，在清代，民间许多金银饰品在专营店已能买到，金银制品不再为上层社会和官府所垄断，说明金银器的大众化程度很高。

应该说，清代金银工艺的繁荣，不仅继承了我国传统工艺技法而又有所发展，并且为后来金银工艺的发展、创新奠定了雄厚的基础。